集人文社科之思 **刊** 专业学术之声

集 刊 名：国际服务贸易评论
主办单位：北京第二外国语学院中国服务贸易研究院
　　　　　首都国际服务贸易与文化贸易研究基地
　　　　　中国国际贸易学会服务贸易专业委员会
　　　　　首都对外文化贸易与文化交流协同创新中心
　　　　　国家文化贸易学术研究平台

REVIEW OF INTERNATIONAL TRADE IN SERVICES

编辑部

办公地址　北京市朝阳区定福庄南里 1 号北京第二外国语学院求是楼 908

邮　　编　100024

联系电话　010-65778155

邮　　箱　nicd2019@163.com

第1辑

集刊序列号：PIJ-2019-385

中国集刊网：www.jikan.com.cn

集刊投约稿平台：www.iedol.cn

国际服务贸易评论

REVIEW OF INTERNATIONAL TRADE IN SERVICES （第1辑）

主编　李嘉珊

社会科学文献出版社

SOCIAL SCIENCES ACADEMIC PRESS (CHINA)

发刊词

《国际服务贸易评论（第 1 辑）》即将出版，中国服务贸易研究院的同事们要我在此时说几句话。有鉴于此话题的特殊重要性，便承应了。

服务贸易内涵十分丰富、范围极其广阔，渗透于经济、社会生活的每一个环节。任何一种产业，都需要有特定的服务；任何一类产业链、供应链应当而且必然伴随相应的服务链。服务越全面，产业发展越健康；服务链越完整，产业链、供应链发展越稳固、越安全。第一产业、第二产业如此，第三产业也不例外，金融、保险、航运、信息、商务、旅游、文娱等行业和领域都有代理、经纪机构，这些代理、经纪机构是连接服务提供方和消费方的纽带，提供相应服务。即使是在管理领域，也存在大量的各类服务。有人曾举过一个生动的例子：高档公寓之所以管得好，是因为服务充分；"筒子楼"之所以管不好，是因为没有服务。服务就是管理，或言之，寓管理于服务之中。应当承认，对此我们的认识还很不完整，很不全面。在实际经济社会生活中，很多方面的服务是缺失的。由此说明，服务贸易有很大的拓展空间。

国际金融危机以来，全球经济下行压力很大，经济增长缺乏新动能，新冠肺炎疫情又进一步加剧了这一局面。如何振兴世界经济？服务贸易能起到什么作用？

我国将进入一个新的历史发展阶段，在即将完成第一个百年奋斗目标，并将开启第二个百年奋斗征程的时刻，我们正着手制定第十四个五年规划。服务贸易在建立"双循环"新发展格局中的作用、定位和发展目标是什么，如何寻找可行的发展路径，如何立法，如何营造良好的发展环境，如何培育和壮大经营主体，如何建立有效的激励机制和公正的市场秩序，维护各方的合法权益，等等，都有待于认真研究解决。

习近平同志指出，新时代改革开放和社会主义现代化建设的丰富实践是理论和政策研究的"富矿"。我们要珍惜这个时代，精心开发利用好这座"富矿"。在此过程中，为服务贸易理论和政策研究工作者搭建一个深入研究探讨、相互交流的平台无疑是十分重要的。

衷心感谢中国服务贸易研究院的同事们所做的工作，并希望这项工作常态化、制度化。

陈　健

（北京第二外国语学院中国服务贸易研究院总顾问、

中华人民共和国商务部原副部长）

2020 年 8 月 30 日

目　录

研究综述

应用与对策

比较与借鉴

研究综述

国际服务贸易研究综述[*]

课题组[**]

摘　要: 服务全球化时代,服务贸易成为国际贸易中不可缺少的组成部分,在一国贸易中的地位也越来越重要。积极开展服务贸易相关理论及研究方法的分析探讨,对推动服务贸易乃至服务经济发展具有重要指导意义和实践价值。本文从服务贸易理论研究、服务贸易相关实证研究方面对文献进行了综述,面对经济新常态,为破解我国服务贸易的瓶颈,更好地发挥服务业及服务贸易对我国经济的引领作用,应加强对服务贸易相关领域课题的深入研究。

关键词: 服务贸易　经济新常态　自由贸易区

近年来,随着服务贸易自由化程度的提升,国际服务贸易发展迅猛,在全球经济中的地位更加凸显。我国也不例外,服务贸易在近年来取得了长足发展,成为进一步扩大开放、拓展经济发展新空间的主要抓手,稳定和吸纳就业的关键领域,经济转型升级的重要支撑,但服务贸易在我国总体贸易格局中仍是亟待提升的短板。本文从服务贸易理论研究、服务贸易相关实证研究方面对文献进行了综述,面对经济新常态,为破解我国服务贸易的瓶颈,更好地发挥服务业及服务贸易对我国经济的引领作用,应加强对服务贸易相关领域课题的深入研究。

---

[*]　本文根据《国际服务贸易评论》(2007～2014年)综述整理而成。

[**]　课题组:北京第二外国语学院中国服务贸易研究院研究团队。

一　服务贸易理论研究

服务全球化时代，服务贸易成为国际贸易中不可缺少的组成部分，在一国贸易中的地位也越来越重要。积极开展服务贸易相关的理论探讨，对推动服务贸易乃至服务经济发展具有重要指导意义和实践价值。

胡景岩针对什么是服务贸易、为什么要发展服务贸易和服务贸易的具体发展途径三个方面进行分析，认为我国需要建立服务贸易促进体系，把握服务贸易特性，按照市场规律开展服务贸易工作。[①]

林航指出服务全球化时代，国际生产和贸易格局发生了深刻的变化，传统贸易理论分析框架已显现出明显的理论解释上的局限性。因此，需要在沿承传统理论合理内核的同时，建立一个新的贸易理论分析框架，以更好地认识服务全球化的内涵。[②] 王海文指出传统的国际贸易理论更多的是围绕货物贸易展开的，而国际文化贸易的理论支撑不能简单套用和拓展国际贸易理论，必须依据贸易对象本身的特点和不同的贸易模式来探讨理论适用性的问题。[③]

龚静、陈丽丽从制度视角出发，结合区域服务贸易协定法律框架，对构建服务贸易促进体系进行了理论和实证研究。结果表明，区域服务贸易协定可以直接促进双边服务贸易发展，进口国的制度质量可以有效促进双边服务贸易的发展，而两国间的制度距离，尤其是贸易自由度距离、政治民主度距离与法律完善度距离将对双边服务贸易造成阻碍。同时，区域服务贸易协定还具有间接的贸易促进作用，它不仅可以强化制度质量对双边服务贸易的促进作用，还能调节制度距离对双边服务贸易的负面影响程度。[④]

① 胡景岩：《中国发展服务贸易的思考》，载《首届国际服务贸易论坛〈国际贸易〉创刊 25 周年学术年会论文集》，中国商务出版社，2007，第 15 页。
② 林航：《服务全球化时代：一个贸易理论分析框架及其应用》，载《国际服务贸易评论（总第 3 辑）》，中国商务出版社，2009，第 46 页。
③ 王海文：《国际贸易理论在文化贸易中的适用性及相关政策启示》载《国际服务贸易评论（总第 3 辑）》，中国商务出版社，2009，第 100 页。
④ 龚静、陈丽丽：《区域服务贸易协定、制度因素与服务贸易促进体系研究》，载《国际服务贸易评论（总第 8 辑）》，中国商务出版社，2014，第 35 页。

　　姚新超对世贸组织及区域贸易协定下服务贸易的原产地规则进行了探讨。以世贸组织最惠国待遇原则的例外及豁免机制为切入点，以贯彻"非歧视原则"为目的，分析服务贸易总协定（GATS）和区域贸易协定下服务贸易的原产地问题。在"不得"歧视情况下，须适用原产地规则以判断成员或缔约方是否遵守规则；在依法"可以"歧视情况下，更需要原产地规则来判断享受优惠待遇的服务或服务提供者范围。就"服务来源国"及"服务提供者国籍"认定问题，通过分析 GATS 及区域贸易协定相关规范发现，WTO 争端解决机构认定服务来源的操作方式使服务贸易原产地规则流于过度简化。因此，以服务"模式"为基础的跨部门的服务贸易原产地规则无法实现不同产业的政策目标。未来，建立不同部门的原产地规则将有助于实现管制的政策目标。①

　　沈丹阳认为我国服务贸易促进体制应该更多地采取间接促进的模式，形成良好机制，尽量采用市场化的运作模式。② 张志明、崔日明立足中国改革开放实践，探讨了对外开放与市场化改革的关系。从理论上阐释了对外开放促进中国服务业市场化改革的作用机理。从实证结果来看，服务贸易开放和外资进入对中国服务业市场化改革均产生了显著的促进作用，对外开放已成为中国服务业市场化改革的重要外生动力。从行业来看，服务贸易开放对中低技术行业市场化改革的促进作用强于中高技术行业，而外资进入则促进了中高技术行业的市场化改革，抑制了中低技术行业的市场化改革。有迹象表明，对外开放对中国服务业市场化改革的影响存在行业异质性。此外，劳均增加值、人力资本存量、企业规模等也是中国服务业市场化改革的重要影响因素。③ 袁长军深入分析了我国服务业发展中所具有的比较优势，认为在充分发挥中国劳动密集型服务业优势的同时，需要重点关注知识密集型服务业，优化服务贸易内部结构，

① 姚新超：《世贸组织及区域贸易协定下服务贸易"原产地规则"探析》，载《国际服务贸易评论（总第 8 辑）》，中国商务出版社，2014，第 55 页。
② 沈丹阳：《构建我国服务贸易促进体制的必要性及基本思路初探》，载《首届国际服务贸易论坛〈国际贸易〉创刊 25 周年学术年会论文集》，中国商务出版社，2007，第 49 页。
③ 张志明、崔日明：《对外开放促进了中国服务业市场化改革吗？理论与实证》，载《国际服务贸易评论（总第 8 辑）》，中国商务出版社，2014，第 189 页。

提高劳动生产率。①

随着我国经济转型和产业结构调整的深入推进，外贸物流服务利用国际、国内两种资源，实现国际、国内两个市场一体化经营的特殊地位与作用日益凸显。袁永友、吴定祥、李志坚探讨了转型期外贸物流服务与产业链优化的内在关系。分析了外贸物流服务的功能和我国经济转型期外贸物流服务发展的中长期趋势，提出外贸物流有助于产业集群升级，通过与产业集群的高度耦合，建立起互为依存、共同发展的紧密关系，有助于优化外贸商品结构，促进外贸增长转变，积极向综合物流衍化，并向集成化服务供应链发展。进而表明，外贸物流可通过整体链、信息链、交易链、组织链、价值链优化，推动形成面向全球的供应链物流服务系统。②

周密从服务贸易模式四视角探讨了我国服务出口潜力的现实制约。研究表明，模式四内容远大于 WTO 成员承诺范围，而且现有模式四承诺水平相当低，而后危机时代经济复苏需要增强自然人移动。一方面，中国具备丰富的人力资源和竞争优势；另一方面，我国对外投资也带动了人力输出的快速增长。但新时期我国对外劳务合作业务的管理模式越来越难以适应新形势的要求。要实现中国经济可持续发展的目标，需要转变观念，争取更大的模式四项下发展空间，采取积极的措施，统筹协调各方行动，有效推进各类多双边协议，为保障中国公民境外利益提供更有效的法律参考。③

二　服务贸易相关实证研究

近年来，我国服务贸易发展迅速，2014 年以来，贸易规模已位居全球第三。与此同时，我国服务贸易持续逆差，且逆差规模不断扩大，加强服

---

① 袁长军：《对中国服务贸易发展的分析与研究》，载《国际服务贸易评论（总第 5 辑）》，中国商务出版社，2011，第 321 页。
② 袁永友、吴定祥、李志坚：《转型期外贸物流服务功能提升与产业链优化探讨》，载《国际服务贸易评论（总第 8 辑）》，中国商务出版社，2014，第 410 页。
③ 周密：《积极探索模式四项下的中国利益空间》，载《国际服务贸易评论（总第 8 辑）》，中国商务出版社，2014，第 223 页。

务贸易相关的实证研究，对推动我国服务贸易的持续快速健康发展来说是一项十分重要和紧迫的课题。

庄惠明、黄建忠建立向量自回归（VAR）模型，通过脉冲响应函数的实证研究，发现我国服务业发展与服务贸易竞争力提升之间尚未形成良性的协调发展机制。[①] 唐宜红、张艳借助产业内贸易指数（IIT 指数）和显性比较优势指数（RCA 指数）进行定量分析，说明中国在低端、低知识含量、低技术含量的服务上具有比较优势。[②] 邢玉升等在界定现代服务贸易的基础上，利用邓氏关联分析工具得出影响现代服务贸易出口的主要因素为货物贸易、服务业的直接投资、服务业的发展以及服务业开放度。[③]

逯宇铎、戴美虹以货物贸易、服务贸易发展协调性为切入点，根据钟摆原理对中国 2006～2011 年货物贸易和服务贸易发展协调性的失衡程度加以测度并指出：对于出口流向，中国货物贸易、服务贸易发展协调性的失衡比例为 75.32%，对于进口流向，失衡比例为 13.49%。[④]

万璐和程宝栋构建了 2000～2011 年中国服务贸易面板数据，利用核密度估计方法，从总体、分类别角度探讨中国服务贸易的动态演进特点并提出：在服务行业层面，中国服务贸易增长的正向变化来自服务进口的贡献；在中国现代服务贸易总额的增长中，现代服务出口作用大于现代服务进口。[⑤]

成祖松研究了 1997～2011 年中国服务贸易的比较优势及其动态变化趋势，并使用面板数据单位根检验等多种方法对其稳定性进行检验，检验结果表明：中国服务贸易在建筑部门以及其他商业服务方面具有较明显的比

① 庄惠明、黄建忠：《中国服务业发展与服务贸易竞争力提升协同性的实证研究》，载《国际服务贸易评论（总第 4 辑）》，中国商务出版社，2010，第 98 页。
② 唐宜红、张艳：《比较优势与中国服务贸易》，载《国际服务贸易评论（总第 4 辑）》，中国商务出版社，2010，第 51 页。
③ 邢玉升、曹利战：《基于传统—现代视角的我国服务贸易出口结构的实证分析》，载《国际服务贸易评论（总第 4 辑）》，中国商务出版社，2010，第 281 页。
④ 逯宇铎、戴美虹：《中国服务贸易与货物贸易发展是否有失协调？——基于中国与 28—30 个国家经济体的比较研究》，载《国际服务贸易评论（总第 7 辑）》，中国商务出版社，2013，第 182 页。
⑤ 万璐、程宝栋：《基于核密度估计的中国服务贸易动态变化研究》，载《国际服务贸易评论（总第 7 辑）》，中国商务出版社，2013，第 214 页。

较优势，计算机和信息、咨询服务的比较优势提升较快，旅游服务的比较优势逐年下降，运输、通信、保险、金融、专有权利和特许、电影音像产品服务贸易在整体上表现为比较劣势。[①]

张英从服务贸易发展总量、服务贸易行业结构、竞争力指数三个角度对中美两国的服务贸易发展进行比较分析后发现，中国在低附加劳动密集型和资源密集型服务贸易方面拥有相对优势，同美国的服务贸易发展具有较强的互补性。[②] 崔日明、张志明采用中国服务业面板数据和固定效应模型对服务贸易对中国服务业劳动需求弹性进行实证研究，发现服务贸易通过替代效应和产出效应两条路径对服务业劳动需求弹性产生作用。[③]

龚静、陈丽丽以 49 个国家（地区）共 1526 个经济体 2000～2011 年的面板数据为样本，采用豪斯曼泰勒估计方法对如何构建服务贸易促进体系进行了实证分析，并将理论探讨和实证研究相结合提出对策建议。对于政策制定者而言，在服务经济时代，应充分利用各种国际会议、国家领导人会晤等方式启动并落实各自的区域服务贸易协定，以最大限度地享有区域服务贸易安排带来的直接与间接的贸易促进作用；对于服务型出口企业而言，在寻找国外交易对象时，基于降低贸易成本考虑，还需要关注进口国的制度质量以及两国间的制度环境差异，尤其是进口国贸易自由度、政治民主度和法律完善度与本国的差距。[④]

梁莹莹、张晓芬利用从《境外投资企业（机构）名录》和《中国工业企业数据库》中集中筛选出来的中国生产性服务企业数据，从微观层面上考察中国生产性服务企业"走出去"的影响因素。研究表明，影响中国生产性服务企业对外直接投资的因素包括企业生产率、劳动、资本、投资

---

① 成祖松：《中国服务贸易比较优势动态变迁的实证研究》，载《国际服务贸易评论（总第7辑）》，中国商务出版社，2013，第285页。

② 张英：《中美服务贸易竞争力的比较与实证分析》，载《国际服务贸易评论（总第7辑）》，中国商务出版社，2013，第470页。

③ 崔日明、张志明：《服务业FDI与我国服务业结构优化：机理分析与实证研究》，载《国际服务贸易评论（总第5辑）》，中国商务出版社，2011，第233页。

④ 龚静、陈丽丽：《区域服务贸易协定、制度因素与服务贸易促进体系研究——基于49国（地）间双边服务贸易流量面板数据的实证分析》，载《国际服务贸易评论（总第8辑）》，中国商务出版社，2014，第35页。

收益水平、出口强度、利润率和资本密集度等，其中出口强度的正向影响作用最为突出，而投资收益水平则具有阻碍作用。不同生产性服务企业所有制类型以及所属区域对开展对外直接投资也具有显著的影响作用。①

徐玲基于184个地级以上城市2002~2012年的数据，使用系统高斯混合模型（GMM）的动态面板估计方法，研究了行业外国直接投资（FDI）流入引起的部门增长效应。利用时间序列数据研究了制造业FDI向服务业FDI转移所产生的影响，并分析了产业层面的FDI流入对本部门和其他部门的溢出效应。研究发现，总量FDI对经济增长有正效应，但不同的FDI流入量对部门的经济效应是不同的，影响主要是通过制造业部门产生的，尤其是低收入城市以及以制造业为基础的城市。服务业FDI并不总能促进经济增长，在特定的城市经济中很可能会导致去工业化。进一步的分类研究表明，这种现象背后的真正原因是在高收入城市、以服务经济为基础的城市经济中，非金融服务业FDI不仅消耗资源，还阻碍制造业的增长。相反，金融业FDI通过激励经济活动刺激制造业和服务业部门增长。②

李盾、郭林娟研究了中国服务业FDI对服务贸易出口的影响。该研究通过建立线性回归模型，从整体和局部角度探究了中国服务业引进外资对服务贸易出口的影响。结果表明，2002~2012年，总体上中国服务业引进外资对服务贸易出口有一定的促进效果，且不同的服务业引进的外资对其服务贸易出口的促进效果不同。劳动和资本密集型的交通运输业引进外资对其服务贸易出口具有较大的促进作用；技术和知识密集型的计算机信息服务业引进外资对其出口也具有促进作用，但这种促进效果不如交通运输业明显；人力资本和技术密集型的金融业引进外资对服务贸易出口也具有一定程度的促进作用，但这种促进效果较小。③

---

① 梁莹莹、张晓芬：《中国生产性服务企业异质性和"走出去"问题研究——基于企业层面数据的实证检验》，载《国际服务贸易评论（总第8辑）》，中国商务出版社，2014，第68页。

② 徐玲：《制造业FD向服务业FDI转移的经济效应研究——基于地级以上城市动态面板数据分析》，载《国际服务贸易评论（总第8辑）》，中国商务出版社，2014，第83页。

③ 李盾、郭林娟：《"中国外包"品牌发展战略及路径选择》，载《国际服务贸易评论（总第8辑）》，中国商务出版社，2014，第351页。

金美玲研究了 FDI 对我国服务贸易的量的效应和质的效应。该研究运用我国 1990~2012 年实际利用外商投资金额、服务贸易进口额、服务贸易出口额相关数据，通过协整检验和格兰杰因果关系检验，分析了 FDI 对我国服务贸易的量的影响。结果表明，FDI 与我国服务贸易进出口额呈正相关关系，FDI 是服务贸易出口额、进口额变化的格兰杰原因。基于钻石模型分析了 FDI 对我国服务贸易的质的影响。服务业 FDI 的技术效应有利于我国服务业管理水平和技术的提高，通过新的需求创造扩大了服务需求规模，有助于推动服务贸易相关及支持产业发展。FDI 也会带来新的组织理念、服务方式、战略选择等，迫使我国相关服务业在这些方面进行改革并做出最优选择。[1]

姚星、周茂、杜艳基于金砖五国产业间和产业内贸易的发展实际，从水平型和垂直型两种产业内贸易模式入手，结合服务贸易异质性特点，构建了一个分析互补性的新指标，拓展了关于服务产业内贸易合作空间的分析方法，经研究发现，金砖五国服务业整体上以产业内贸易为主，且主要表现为水平型产业内贸易发展模式。中国与其他金砖国家服务贸易整体上以水平型产业内贸易合作为主，细分部门仍有所不同。[2] 根据中国海洋大学崔庆慧、郝东黎运用系统的灰色关联分析方法对中国与其他金砖国家服务贸易关联度的研究，中国与巴西服务贸易关联突出，与俄罗斯较突出，而与印度、南非关联不够。[3] 因此，我国与其他金砖国家发展服务贸易的空间很广阔。未来，中国应根据与其他金砖国家服务贸易发展的多层次结构差异与互补性特点，制定利于双边服务贸易发展的国别政策和产业差异政策，促进中国与其他金砖国家在服务贸易上的合作共赢，进一步提升我国服务贸易发展水平，助力我国国民经济发展。

[1] 金美玲：《FDI 对我国服务贸易的影响实证研究——基于量的效应与质的效应》，载《国际服务贸易评论（总第 8 辑）》，中国商务出版社，2014，第 110 页。
[2] 姚星、周茂、杜艳：《中国与金砖国家服务贸易合作空间的实证分析——基于服务贸易互补性新指标的构建》，载《国际服务贸易评论（总第 8 辑）》，中国商务出版社，2014，第 97 页。
[3] 崔庆慧、郝东黎：《中国与金砖国家服务贸易灰色关联度分析》，载《国际服务贸易评论（总第 8 辑）》，中国商务出版社，2014，第 289 页。

张平、代木林研究了服务贸易对经济增长的影响。从比较优势角度来看，中国服务贸易结构欠佳。两部门模型分析表明，提高服务部门的劳动生产率能促进经济增长。利用我国 1982~2010 年的数据建立向量自回归（VAR）模型，通过脉冲分析和方差分解分析发现，技术与知识密集型服务的出口会对 GDP 产生较大的正向冲击，技术与知识密集型服务的进口会在短期内对 GDP 产生较大的负向冲击，在长期内会对 GDP 产生较大的正向冲击；资本密集型服务的出口会在短期内对 GDP 产生较大的正向冲击，在长期内会对 GDP 产生较大的负向冲击；劳动密集型服务的出口在短期内会对 GDP 产生较大的正向冲击，在长期内会对 GDP 产生较大的负向冲击，而劳动密集型服务的进口会对 GDP 产生较大的正向冲击。[①]

知识与科技正影响着服务贸易的结构与内容，服务贸易在全球范围内呈现从传统服务贸易向知识密集型服务贸易过渡的趋势。考察我国知识密集型服务贸易国际竞争力，对提升我国服务贸易发展水平具有重要意义。张译匀、蒋珠燕选取通信服务、保险服务、金融服务、计算机和信息服务、专有权使用费和特许费、个人文化娱乐六大知识密集型服务贸易为研究样本，利用出口市场占有率、贸易竞争优势（TC）指数、服务贸易开放度、显示性比较优势指数四大标准，评价中国、日本、韩国、印度、新加坡等亚洲主要国家（地区）的知识密集型服务贸易的国际竞争力，并针对我国知识密集型服务贸易竞争力提升展开深入分析。研究表明，中国的知识密集型服务贸易中计算机和信息服务以及保险服务的出口占有率在亚洲主要国家（地区）中处于中上游水平，而金融服务、专有权使用和特许费以及个人文化娱乐的出口占有率处于下游水平。计算机和信息服务的出口市场占有率与印度差距非常大，2013 年我国计算机和信息服务的出口市场占有率仅为印度的 1/3，但差距有所缩小。中国内地金融服务的出口市场占有率也与新加坡、中国香港、日本相差较大。总体来看，中国的知识密集型服务贸易除计算机和信息服务外，开放度不高，在国际市场中的竞争力也有待加强。提升我国知识密集型服务贸易竞争力，需

---

① 张平、代木林：《服务贸易结构对中国经济增长的影响研究》，载《国际服务贸易评论（总第 8 辑）》，中国商务出版社，2014，第 126 页。

强化在人力资本和知识资本、服务业水平、服务业集聚区建设、政府支持等方面的发展。①

黄满盈、邓晓虹研究了中国双边金融服务贸易出口潜力。该研究基于扩展的引力模型，运用 OECD 25 个成员国双边金融服务贸易出口 2006～2010 年的数据估计了模型。随后，将其作为一个"典型"的经济体（包括中国）金融服务贸易出口的决定方程，对中国双边金融服务贸易出口的决定因素及出口潜力进行了经验研究。研究表明，进出口双方的 GDP、双边距离、是否使用共同语言及进出口双方的经济自由度会对中国双边金融服务贸易出口产生显著的影响。中国内地对主要的金融服务贸易出口市场（包括中国香港、美国、卢森堡、德国等）普遍"贸易过度"，而对"小型"的出口市场则普遍"贸易不足"。经济自由化模拟的结果表明，放松经济管制，提高经济的自由度，会大大促进金融服务贸易出口的发展，而通过提高贸易伙伴的经济自由度来促进双边金融服务贸易出口的空间则非常有限。②

三 服务贸易框架研究

在服务贸易自由化领域，WTO 各成员国已有向服务贸易深度整合的趋势，如何准确理解现有服务贸易框架，发现其中的问题及机遇是部分学者关心的一个问题。

（一）服务贸易基本框架研究

李伍荣、冯源分析了《国际服务贸易协定》的基本框架和法律性质，提出我国政府和企业应该在坚持在多边框架下推进服务贸易自由化这一原则的前提下，密切跟踪该协定的动态，并制定务实、灵活的应对策略。③

① 张译匀、蒋珠燕：《中国知识密集型服务贸易国际竞争力评价与提升途径》，载《国际服务贸易评论（总第 8 辑）》，中国商务出版社，2014，第 309 页。
② 黄满盈、邓晓虹：《中国双边金融服务贸易出口潜力研究》，载《国际服务贸易评论（总第 8 辑）》，中国商务出版社，2012，第 144 页。
③ 李伍荣、冯源：《国际服务业协定》，载《国际服务贸易评论（总第 7 辑）》，中国商务出版社，2013，第 37 页。

周念利、张苗苗、屠新泉对服务贸易安排中"GATS-"承诺的特征表现及其成因进行了经验研究，认为"GATS-"现象出现的原因主要在于多边规则对区域贸易安排审查不力；区域服务贸易安排成员间缺乏政治互信；经济体以接受"GATS-"承诺来换取其他利益；发展中经济体对服务开放的经验和信心不足。[①] 汤婧比较分析区域全面经济伙伴关系（RCEP）框架下各成员国服务业的开放程度、所涉及的监管法规的调整改革方向等问题障碍，建议中国采取更开放的服务贸易谈判策略，推动服务贸易法律制度安排与国际接轨，全面评估 RCEP 各项服务贸易深度整合的经济效应，规划完整的产业冲击协助措施。[②] 周密结合当前国际形势，分析了国际服务贸易协定（Trade in Service Agreement，TISA）的由来、进展和前景，提出中国在尚未加入 TISA 谈判的情况下，应该分析市场开放、竞争促进和技术进步等机遇，采取有攻有守、分而治之的谈判策略，以期通过由外向内的改革，释放市场潜力，用足协议机会，为经济可持续发展大目标服务。[③]

（二）自由贸易区框架下服务贸易研究

后危机时代，区域自由贸易安排成为探索全球经贸新规则、推动贸易自由化的核心平台，服务业开放和服务贸易自由化成为经济全球化的焦点议题。新形势下中国共产党十八届三中全会决定，以开放促改革，并明确提出要加快自由贸易区建设等重要举措，构建开放型经济新体制，培育参与和引领国际经济合作竞争新优势。加强自由贸易区框架下的服务贸易研究是一项既得当前，又惠及长远发展的重要课题。

随着中国—东盟自由贸易区建设不断推进，中国与东盟国家经贸合作不断加深，双边服务贸易成为新的增长点。中国与东盟作为南南合作型贸易区，双边服务贸易自由化的贸易效应值得深入研究。王娟对中国—东盟

---

① 周念利、张苗苗、屠新泉：《RTAs 框架下服务贸易承诺"GATS-"特征的经验研究》，载《国际服务贸易评论（总第 7 辑）》，中国商务出版社，2013，第 14 页。

② 汤婧：《RCEP 框架下各成员国间服务贸易深度整合及中国的战略对策》，载《国际服务贸易评论（总第 7 辑）》，中国商务出版社，2013，第 10 页。

③ 周密：《积极探索模式四项下的中国利益空间》，载《国际服务贸易评论（总第 8 辑）》，中国商务出版社，2014，第 223 页。

国家服务贸易自由化的贸易效应进行了分析。结果表明，中国—东盟自由贸易区内，存在更有可能导致成员国贸易福利增加的条件，这些条件的激发有助于该区域服务贸易的扩大。服务贸易自由化可产生贸易创造效应和贸易转移效应，但商品特点决定其程度的大小。基于产品差异化条件下的贸易创造效应较大，而贸易转移效应较小。①

刁莉、邰婷婷以东盟与中国、日本、韩国、印度和澳大利亚、新西兰签订的 5 个 FTA 或 EPA 协定为基础，分析了 RCEP 区域服务贸易自由化的进展、机制以及区域服务贸易发展的状况，进而提出我国应在 RCEP 建设过程中发挥积极主动的作用。② 分析表明，各相关经济体服务贸易开放度不高，服务贸易竞争力较弱，各国服务贸易差距较大但整体规模发展迅速，各"东盟 + 1"协定在服务贸易条款上差别较大且自由化缓慢。我国应积极稳妥推动谈判进程，提高 RCEP 的影响力和吸引力；积极推动国内敏感产业与部门适度开放；在服务贸易谈判方面关注服务原产地的确定；协调和改善中国与 RCEP 各成员国的政治外交关系。

李军、袁广平认为，在未来中日韩 FTA 服务贸易谈判中，我国要坚持自主可控、渐进有序的战略。对于我国有明显竞争优势的服务行业，如计算机与信息行业、旅游行业，要增强与日韩的互补性，要求日韩对中国进一步开放。对于那些具有竞争劣势的行业，中国要采取逐步开放的战略，适当地引入竞争，加强与日韩有明显优势服务业的企业交流合作，充分利用日韩在技术和管理上的优势，不断提高中国技术与资本密集型服务行业的国际竞争力。③

李媛娜运用 Hoekman 的频度指数法对两岸在《海峡两岸服务贸易协议》项下的服务贸易自由化程度进行评估。在区域服务贸易自由化进程中，两岸根据各自服务贸易部门的比较优势和对本地的利益关系有序地开

---

① 王娟：《中国—东盟服务贸易自由化的贸易效应分析》，载《国际服务贸易评论（总第 8 辑）》，中国商务出版社，2014，第 156 页。
② 刁莉、邰婷婷：《"RCEP"协议与区域服务贸易一体化的发展及建议》，载《国际服务贸易评论（总第 8 辑）》，中国商务出版社，2014，第 200 页。
③ 李军、袁广平：《FTA 框架下中日韩服务贸易国际竞争力的比较分析》，载《国际服务贸易评论（总第 8 辑）》，中国商务出版社，2014，第 241 页。

放服务贸易领域。建筑是优势部门,两岸承诺开放的自由化程度相对较高,环境、分销、健康等服务贸易领域次之,而通信、运输等重要且相对敏感的服务部门的自由化程度较低。涉及资金和人员流动的商业存在和自然人移动的自由化程度较低,其中自然人移动的自由化程度更低。总体来看《海峡两岸服务贸易协议》所体现的服务贸易自由化承诺在广度和深度上都超越了对 GATS 的多边自由化,取得了明显的"GATS +"成效。①

---

① 李媛娜:《两岸服务贸易自由化程度评估及发展对策——基于〈海峡两岸服务贸易协议〉具体承诺的研究》,载《国际服务贸易评论(总第 8 辑)》,中国商务出版社,2014,第181 页。

国际服务贸易行业发展及差异研究综述

课题组*

摘　要：我国服务业起步晚，发展快，行业间差别较大，这些特征也同样突出地体现在服务贸易领域中，不同行业领域的服务贸易发展具有明显的区别，因此对服务贸易分行业进行研究，是大力发展服务贸易和优化服务贸易结构的重要基础。本文通过对国际服务贸易行业发展的分析和差异对比，推动服务贸易高质量发展，有优先、有重点、有选择地促进服务贸易不同行业的发展。

关键词：国际服务贸易　服务业　高质量发展

服务贸易按照世界贸易组织的划分有 12 大领域 160 多个行业部门，培育和发展重点行业对中国服务贸易的进一步提升至关重要。以中国服务贸易的现状来看，不同服务行业的发展阶段和份额存在较大差距，并且服务业细分行业在构成服务贸易出口竞争力时存在异质性。一些学者关注并考察细分行业的发展现状和贸易竞争力。细分行业服务贸易研究采用的方法主要有直接理论分析、模型应用分析和指标分析。直接理论分析通过分解影响服务贸易的相关要素，研究细分行业服务贸易的特点及竞争力，是常用的研究方法。部分研究也倾向于采用贸易竞争理论中的几项常用指标或构建计量模型进行实证研究。

---

　*　课题组：北京第二外国语学院中国服务贸易研究院研究团队。

一 服务贸易的行业研究

（一）金融服务贸易

2001 年我国加入 WTO 后，金融体系逐步开放，金融服务贸易也在不断发展。陈勇、谢建敢从理论上分析了金融服务贸易开放对东道国银行效率与经济增长的影响，并应用 2001～2005 年的跨国面板数据对金融服务贸易开放的经济效应进行实证检验，结果表明金融服务贸易开放可以促进银行之间的竞争，但对经济增长没有显著影响。[①] 张雅楠、刘宇、齐俊妍通过实证分析，得出我国金融部门和非金融部门 FDI 流入与我国金融服务贸易进出口之间存在十分稳定而长期的动态均衡关系，在长期内具有较强的促进作用，在短期内金融部门和非金融部门 FDI 流入只对金融服务贸易出口存在一定的短期关系。[②] 徐枫、高成亮探讨了中国金融服务外包在全球价值链中的现状及其攀升全球价值链的途径，提出中国金融服务外包升级可以选取渐进式升级的方式，遵循自身的发展阶段，最终实现跳跃式升级。[③]

（二）教育服务贸易

进入 21 世纪后，全球战略资源的争夺转向对人力资源的争夺，以人力资源为核心的教育服务业成为新的贸易竞争领域。郎凤凤总结出我国发展教育服务贸易存在回国率低、我国学历学位的国际认可度低、缺乏留学市场的优势专业以及教育服务贸易壁垒多的问题。[④] 金孝柏聚焦于高等教育服务贸易行业，提出明确营利性与非营利性高等教育，制定与实施高等教育服务贸易的发展规划和促进政策，完善高等教育服务贸易的立法内容和规制体制，改革教育行政体制，加强高等教育服务贸易国际谈判、交流与

① 陈勇、谢建敢：《金融服务贸易开放、银行效率与经济增长》，载《首届国际服务贸易论坛暨〈国际贸易〉创刊 25 周年学术年会论文集》，中国商务出版社，2007，第 82 页。
② 张雅楠、刘宇、齐俊妍：《FDI 流入对我国金融服务贸易进出口的影响分析》，载《国际服务贸易评论（总第 6 辑）》，中国商务出版社，2012，第 289 页。
③ 徐枫、高成亮：《中国金融服务外包升级全球价值链的模式及实施途径研究》，载《国际服务贸易评论（总第 7 辑）》，中国商务出版社，2013，第 463 页。
④ 郎凤凤：《我国教育服务贸易现状及发展建议》，载《国际服务贸易评论（总第 6 辑）》，中国商务出版社，2012，第 300 页。

合作的政策建议。[①] 赵玉焕、姚海棠采用 1996～2010 年 20 个国家来华留学生的面板数据，构建非线性变量回归模型来分析我国高等教育出口的影响因素，研究结果显示：传统因素中的两国经贸关系、人均 GDP 差距、生均教育经费和高等教育入学率等对我国高等教育境外消费出口具有显著的积极影响，高等教育师生比具有较强的阻碍作用。[②]

（三）旅游服务贸易

我国旅游服务贸易近年来逆差不断扩大，入境游贸易遇到发展瓶颈。蒋庚华等认为配套基础设施建设、旅游服务贸易政策、旅游资源分布等方面的差异导致了各地区旅游服务贸易发展的不平衡，不利于我国经济的均衡、可持续发展。[③] 许晖和许守任从市场顾客的需求角度出发，深入分析我国入境游客的旅游感知现状，构建了我国促进入境游贸易的策略框架，基于游客的旅游形象感知、价值感知和风险感知有针对性地提出具体的对策建议。[④] 陈秀莲根据旅游服务出口的特点，从要素禀赋的角度，实证测度了旅游资源、资金、人力资源、技术等要素禀赋对中国旅游服务出口快速增长的影响情况，发现资金要素禀赋影响最大，其次为劳动力要素、技术要素禀赋，旅游资源要素影响最小。在此基础上，提出构建促进旅游服务出口增长的内外部支撑体系、由静态比较优势向动态比较优势的转化等推动旅游服务出口可持续发展的建议。[⑤]

于谨凯、莫丹丹通过构建我国旅游服务贸易安全评价的 DEA 模型发现，我国旅游服务贸易总体处于安全水平，2005 年、2007 年、2010 年、2011 年我国旅游服务贸易安全度等于 1，处于安全水平；2006 年、2008

---

① 金孝柏：《我国发展高等教育服务贸易的困境与对策》，载《国际服务贸易评论（总第 6辑）》，中国商务出版社，2012，第 219 页。

② 赵玉焕、姚海棠：《我国高等教育出口影响因素研究：境外消费视角》，载《国际服务贸易评论（总第 7 辑）》，中国商务出版社，2013，第 384 页。

③ 蒋庚华、张曙霄：《中国旅游服务贸易内部区域结构失衡问题分析》，载《国际服务贸易评论（总第 4 辑）》，中国商务出版社，2010，第 422 页。

④ 许晖、许守任：《我国入境旅游贸易促进策略研究——基于国际游客感知视角》，载《国际服务贸易评论（总第 6 辑）》，中国商务出版社，2012，第 161 页。

⑤ 陈秀莲：《中国旅游服务出口增长的影响因素——基于省际面板数据的分析》，载《国际服务贸易评论（总第 6 辑）》，中国商务出版社，2012，第 97 页。

年、2009 年、2012 年旅游服务贸易安全度略微下降，但均大于 0.9，仍处于安全水平范围。[①] 这一分析结果也印证了李军、袁广平对我国旅游服务国际竞争优势趋降的研究发现。影子价格的测算表明，国际市场占有率的影子价格大于旅游院校在校学生数的影子价格，提升我国旅游服务贸易安全水平的重点是提高旅游服务贸易的国际市场占有率。李军等基于旅游服务贸易安全评价指标体系的分析结果，构建出我国旅游服务贸易安全的预警机制，提出了包括建立完善的信息渠道网等在内的对策。[②]

（四）文化创意贸易

国际文化贸易作为服务贸易的一部分，随着服务贸易的发展而日益活跃，WTO 等多边贸易体系也越来越关注文化贸易的问题。按照联合国教科文组织的定义，文化贸易是以有形的和无形的文化产品传递文化内容的进出口行为。李嘉珊指出中国对外文化贸易的三个瓶颈是输出地区过于集中、贸易结构不合理、文化贸易人才稀缺。[③] 赵景峰等认为，中国作为贸易大国与顺差大国，文化贸易收支却持续逆差，文化产品国际竞争力弱，难以"走出去"。造成中国文化贸易逆差的原因有很多，既有国内文化产业缺乏规模优势的因素，又有国际营销策略的因素，还有政府服务不到位的因素。各种因素相互交织，阻碍了文化贸易的发展。[④]

以北京文化贸易发展为例，李小牧提出，作为全国的政治经济中心，北京市是最早提出文化贸易概念的，总体来说北京的文化贸易一直呈上升趋势，然而也仍存在诸如行业资源分散，输出能力弱；市场环境欠佳，危害严重；盈利渠道单一，创收小；复合型人才匮乏，创新力不足等问题。[⑤]

---

① 于谨凯、莫丹丹：《我国旅游服务贸易安全评价及预警机制研究》，载《国际服务贸易评论（总第 8 辑）》，中国商务出版社，2014，第 277 页。

② 李军、袁广平：《FTA 框架下中日韩服务贸易国际竞争力的比较分析》，载《国际服务贸易评论（总第 8 辑）》，中国商务出版社，2014，第 241 页。

③ 李嘉珊：《破解中国对外文化贸易出口瓶颈的三个关键问题》，载《国际服务贸易评论（总第 4 辑）》，中国商务出版社，2010，第 112 页。

④ 赵景峰、刘航：《中国文化贸易逆差分析》，载《国际服务贸易评论（总第 2 辑）》，中国商务出版社，2008，第 524～527 页。

⑤ 李小牧：《首都文化贸易发展的现状与未来》，载《国际服务贸易评论（总第 2 辑）》，中国商务出版社，2008，第 23 页。

刘航等认为企业需要集中优势力量做大做强，提高行业集中度；丰富文化产品与服务的品种，提高产品技术含量，扩大营销渠道；组织行业协会进行自救。政府需要认真分析和充分利用 WTO 规则及其他国际规则，并积极参与国际规则的塑造，对我国文化贸易进行适度、合理的保护；放活文化产业管理体制，适度降低文化行业壁垒；加强人才的培训，积极营造尊重和保护知识产权的环境；完善相关法律法规的制定与实施。[①] 余晓泓和张丽梅以中美电影贸易逆差为背景，通过分析其现状，从产业、贸易两个方面列举了产生这种逆差的原因，并对这些原因一一进行横向比较，找到差距所在。通过借鉴美国成功经验，探索如何缩小两者之间的差距，促进中国电影真正走向国际化。[②] 时朝霞、巴丽认为我国文化贸易应该选择有利于我国文化传播和发展的领域进行开放，而不是盲目开放，要正确处理开放与保护的关系。[③]

文化贸易是彰显一个国家软实力的重要指标。朱文静和朱婷对我国参与国际文化产业分工的现状进行实证分析，结果表明我国处于文化创意服务国际价值链的低端、国际市场比较集中、文化创意商品的商品结构与英国、美国、韩国的相似度较小。[④] 刘鹏宇认为对外文化出口是文化"走出去"的主要途径。[⑤] 向勇等在分析了中国对外文化贸易尚处于起步阶段、逆差严重、以版权为核心的出口竞争力不足的现状后，介绍和分析了当今世界主要的三种文化贸易战略——美国的自由贸易战略、法国和加拿大的贸易保护战略、日本和韩国的新赶超战略。从理论基础、贸易政策和政策效果这几个层面对这三种贸易战略进行解析，并提出在对外文化贸易的推

---

① 赵景峰、刘航：《中国文化贸易逆差分析》，载《国际服务贸易评论（总第 2 辑）》，中国商务出版社，2008，第 527 ~ 528 页。

② 余晓泓、张丽梅：《从中美电影贸易看中国电影的国际化》，载《国际服务贸易评论（总第 2 辑）》，中国商务出版社，2008，第 259 页。

③ 时朝霞、巴丽：《中国文化贸易的保护与开放研究》，载《首届国际服务贸易论坛暨〈国际贸易〉创刊 25 周年学术年会论文集》，中国商务出版社，2007，第 398 页。

④ 朱文静、朱婷：《我国文化贸易在国际价值链中位置判断的实证研究》，载《国际服务贸易评论（总第 6 辑）》，中国商务出版社，2012，第 317 页。

⑤ 刘鹏宇：《推进我国文化"走出去"的现实问题及策略选择研究》，载《国际服务贸易评论（总第 6 辑）》，中国商务出版社，2012，第 281 页。

动上，中国政府应转换思路，做好服务和支持工作，注重发挥企业的主体性和能动性，鼓励和引导优秀的文化企业"走出去"。[①]

创意产业的迅速崛起，推动创意及相关服务取代传统的制造业产品成为国际贸易中新兴的最具活力的领域。我国创意及相关服务贸易增长快于同期全部服务及货物贸易增长，在拉动经济增长上具有较大潜力。创意产品及服务贸易成为部分学者的研究对象。周升起认为我国创意服务贸易成为推动服务贸易发展的新兴力量，但我国创意及相关产业适应和满足国际市场需求变化的能力还相对较弱，未来以"创新"为核心，以"文化、知识、信息和技术"为内容的文化创意服务业将成为我国重点和优先支持发展的现代服务业态之一。[②] 聂聆采用国际市场占有率指数、显性比较优势指数和贸易竞争力指数对"金砖四国"创意商品和创意服务的国际竞争力进行比较研究。结果表明：中国和印度创意商品具有优势，创意服务的竞争力较弱，俄罗斯和巴西的创意服务优势明显，创意商品的竞争力很弱，"金砖四国"处于全球创意产业价值链的不同节点。[③] 王劲松等基于2002～2011年"金砖五国"创意商品贸易发展相关数据，采用 Lafay 指数和贸易互补性指数（TCI）比较"金砖五国"创意商品贸易结构，得出结论：中国多数创意商品的国际竞争力要强于其他金砖国家，从贸易互补性指数来看，中国与其他金砖国家整体上在创意商品上的互补性还比较弱。[④]

（五）影视游戏服务贸易

胡梦茵、朱新瑞、蔡丽超从影视文化衍生产品和技术溢出效应的视角，提出中国影视文化产业发展的思路。[⑤] 王海文、李渡石发现我国网络

① 向勇、范颖：《中国对外文化贸易的战略方向和政策建议》，载《国际服务贸易评论（总第6辑）》，中国商务出版社，2012，第124页。
② 周升起：《中国创意服务贸易：特征、地位与趋势》，载《国际服务贸易评论（总第7辑）》，中国商务出版社，2013，第309页。
③ 聂聆：《"金砖四国"创意产品贸易国际竞争力的比较研究》，载《国际服务贸易评论（总第7辑）》，中国商务出版社，2013，第251页。
④ 王劲松、周茂、姚星：《金砖五国创意商品贸易结构的比较研究》，载《国际服务贸易评论（总第7辑）》，中国商务出版社，2013，第440页。
⑤ 胡梦茵、朱新瑞、蔡丽超：《中国影视文化衍生产品和技术溢出效应运用及对策》，载《国际服务贸易评论（总第6辑）》，中国商务出版社，2012，第248页。

游戏文化服务贸易发展模式由最初的版权交易、代理运行模式，过渡到独立研发、自主运营模式，进而过渡到合作研发、联合运营模式，然而目前发展模式面临创新制约，应积极探索创新路径，如建立全产业链模式。[①]罗立彬、阮江青以动漫业为例，研究发现动漫产业是个全球化的产业，我国承接动漫制作服务外包在直接层面上推动了文化贸易出口，在间接层面上推动了我国动漫产业发展，最后得出结论：在服务全球化背景下，利用全球范围内的优势资源可以更加快速地推动文化贸易出口。[②]董濮瑜、吴嘉伟以北京影视产业对外贸易为研究对象，认为北京影视产业对外贸易的贸易结构趋于合理，国产片竞争能力低，民营资本作用加强。[③]

（六）交通运输服务贸易

卢伟等从贸易结构视角分析中国国际航空货运市场的不平衡性，提出从中国的货物贸易结构发展趋势来看，未来一段时期内中国国际航空货运市场的不平衡性难以改善，为解决这一问题应进一步提升同主要航空运输关系伙伴国之间双边航空货运的自由化水平。[④]

卢伟、陆志多、张延青针对贸易结构与中美航空货运市场的不平衡性进行了较深入的研究。在中美双边航空货运市场中，货运量流向的不平衡性是一个长期存在的结构性问题。中国—美国方向（东向航线）上的航空货运量明显高于美国—中国方向（西向航线）。而客运业务就不存在这种不平衡性现象，东向航线和西向航线的客运量基本一致。该研究基于时间序列模型，利用1992~2012年中美间的航空货运量数据和货物贸易数据，运用协整理论和误差修正模型，对中美双边市场贸易结构和国际航空货运不平衡性之间的关系进行了实证分析。从长期来看，中美航空货运不平衡性和机电产品的产业内贸易水平之间存在长期均衡关系，而在较弱的程度

① 王海文、李渡石：《我国网络游戏文化服务贸易发展模式创新研究》，载《国际服务贸易评论（总第7辑）》，中国商务出版社，2013，第323页。
② 罗立彬、阮江青：《利用全球优势资源推动中国文化贸易出口：以动漫出口为例》，载《国际服务贸易评论（总第7辑）》，中国商务出版社，2013，第353页。
③ 董濮瑜、吴嘉伟：《北京影视产业对外贸易现状、问题以及对策分析》，载《国际服务贸易评论（总第7辑）》，中国商务出版社，2013，第97页。
④ 卢伟、郑兴无：《中美航空客运市场客源流失研究》，载《国际服务贸易评论（总第6辑）》，中国商务出版社，2012，第115页。

上与中美整体贸易的产业内贸易水平之间也存在长期均衡关系。航空货运不平衡性与中美整体贸易和机电产品的产业内贸易水平之间存在反向变化关系。2001 年以来中美产业内贸易水平的下降推动了中美航空货运市场不平衡性的持续扩大。目前在缺乏自由化水平较高的双边航空运输协定制度安排的背景下，我国指定航空公司在国际航空货运业务中仍将处于较为不利的竞争地位。[①]

（七）通信服务贸易

聂平香采用了市场占有率、显性比较优势指数（RCA）、贸易竞争优势指数（TC）三个指标对我国通信服务贸易的国际竞争力进行了分析，提出我国通信服务贸易国际竞争力和开放程度较低，我国在通信服务贸易领域进一步开放面临的压力主要来自日韩国家和基础电信部门。[②] 裘莹、张曙霄引入创新系统理论，分析中国各省区市内企业、高校和政府等技术创新主体的要素投入及其相互合作对当地离岸 IPO 发展的影响。[③]

（八）林业服务贸易

对林业服务贸易的研究与关注一直很少，对此展开研究颇具价值。万璐、付亦重、程宝栋首次从林业与林业服务业的定义出发，详细探讨了林业服务业、林业服务贸易的概念与分类。林业服务贸易概念围绕森林以及林产品的生产展开并不断向外延伸，既包括辅助林业生产的各种服务，又包括森林经营与管理服务，广义来看还涵盖林业生态价值服务等。它不仅具备一般服务贸易的高附加值特点，更具有与生态环境相结合的特性。林业服务贸易在调节贸易平衡、提升产业结构、促进要素合理配置及增加林业部门劳动力收入等方面均具有重要作用，在后金融危机时代林业国际竞争新形势下，应重视并积极推进林业服务贸易发展。[④]

---

① 卢伟、陆志多、张延青：《贸易结构演变与中美航空货运市场不平衡性关系研究》，载《国际服务贸易评论（总第 8 辑）》，中国商务出版社，2014，第 230 页。

② 聂平香：《我国通讯服务贸易开放的国际比较——基于在谈自贸区的视角》，载《国际服务贸易评论（总第 7 辑）》，中国商务出版社，2013，第 331 页。

③ 裘莹、张曙霄：《区域创新系统运行效率对中国离岸 ITO 发展的影响机理》，载《国际服务贸易评论（总第 7 辑）》，中国商务出版社，2013，第 268 页。

④ 万璐、付亦重、程宝栋：《林业服务贸易定义及其发展必要性的探讨》，载《国际服务贸易评论（总第 8 辑）》，中国商务出版社，2014，第 329 页。

二 生产性服务贸易

生产性服务贸易作为知识密集、人力资本密集的高端服务业，是发达国家和发展中国家的创新源泉之一，是促进全要素生产率增长的重要动力。随着国际分工的深化，生产性服务贸易已经成为国际贸易的重要支柱，对生产性服务贸易的研究逐渐深入。

周蕾对生产性服务贸易发展与全球价值链提升进行了实证分析，提出人力资本、生产性服务、服务质量等因素对发展中国家攀升全球价值链有重要作用，因此中国需要促进生产性服务贸易的产业化、市场化、知识化，加大其开放力度。[①] 杨玲、郭羽诞以以美、日、欧为代表的发达国家和以金砖国家为代表的新兴经济体国家为研究对象，采用动态面板数据研究中国与 17 国生产性服务贸易出口复杂度升级对包容性增长的影响效应，结果发现高技术密度的升级有利于一国的可持续发展，而低技术密度的提高仅有利于一国短期的经济增长。[②] 梁莹莹采用 Balassa 显性比较优势指标、贸易竞争力指数和 Michaely 指数来度量不同国家生产性服务贸易的比较优势，利用 2000～2010 年世界服务贸易出口前 55 名国家的面板数据来分析和考察金融发展对各国生产性服务贸易的影响，发现金融市场规模和金融交易规模对生产性服务贸易比较优势的影响最为突出。[③] 霍伟东等以新加坡为比较对象，根据生产段与生产性服务链理论，建立中国与新加坡两国总量层面的时间序列，对中国在促进生产性服务贸易发展方面的制约因素进行实证分析，结果显示：国际分割化生产对中国生产性服务贸易的促进效果较小；技术水平对中国生产性服务贸易的影响不显著，但对新加

[①] 周蕾：《全球价值链提升目标下的中国生产性服务贸易研究》，载《国际服务贸易评论（总第 7 辑）》，中国商务出版社，2013，第 103 页。

[②] 杨玲、郭羽诞：《生产性服务贸易出口复杂度对包容性增长的影响效应研究——基于中国与 17 国的动态比较》，载《国际服务贸易评论（总第 7 辑）》，中国商务出版社，2013，第 122 页。

[③] 梁莹莹：《金融发展是否提升了生产性服务贸易竞争力？——基于 RCA、TC、MI 指数的动态面板数据分析》，载《国际服务贸易评论（总第 7 辑）》，中国商务出版社，2013，第 21 页。

坡生产性服务贸易的拉动效应较大。[①]

三 服务外包产业研究

服务外包是一种新的国际分工和服务贸易形式。其发展的动因在于优化和增值企业服务价值链，创造核心竞争优势。服务外包是专业化分工的产物，我国自 2006 年实施服务外包"千百十"工程以来，服务外包产业蓬勃发展，为推动服务外包大国强国建设，有学者对我国服务外包产业发展的现状及面临的主要问题进行系统分析并提出相关对策意见。

阙澄宇和田帅提到商务部 2006 年确定的首批五个服务外包基地城市分别是上海、西安、深圳、成都、大连，但中国外包业务起步晚、经验不足，因此处于服务外包的劣势地位，国外公司服务外包的首选通常是印度和爱尔兰。[②] 徐松和黄玉霞从价值链角度分析了信息技术外包（ITO）和业务流程外包（BPO）的价值链"微笑曲线"，并以此为基础，构建了我国服务外包承接升级的阶梯模型，得出中国服务外包承接升级的对策：创造吸引高附加值服务向中国转移的内部环境；培育优势外包产业；提高企业的国际竞争力和总承包能力，培养服务外包的高级人才。[③] 姜荣春将视线放在中国的服务贸易外包产业上，将中国领先的服务外包企业的收入与国际服务巨头相比，发现中国的服务外包企业规模小，承接大型高端服务项目的能力不足。[④] 张钱江对服务外包推动经济发展进行了研究，服务外包可以促进经济发展方式转变，深化全球服务贸易。[⑤] 故袁永友提

① 霍伟东、刘飞宇、王笛：《国际分割化生产、技术进步与生产性服务贸易：中国 VS 新加坡》，载《国际服务贸易评论（总第 7 辑）》，中国商务出版社，2013，第 202 页。

② 阙澄宇、田帅：《基于城市间比较的大连市服务外包 SWOT 分析》，载《国际服务贸易评论（总第 2 辑）》，中国商务出版社，2008，第 155 页。

③ 徐松、黄玉霞：《价值链视角下的中国国际服务外包承接升级》，载《国际服务贸易评论（总第 2 辑）》，中国商务出版社，2008，第 312 页。

④ 姜荣春：《后危机时代的中国服务外包产业：主要问题与发展路径》，载《国际服务贸易评论（总第 4 辑）》，中国商务出版社，2010，第 158 页。

⑤ 张钱江：《以服务外包加快推动经济发展方式转变——试论服务外包六大关系》，载《国际服务贸易评论（总第 4 辑）》，中国商务出版社，2010，第 197 页。

出实施差异化战略，平衡沿海和内陆服务外包的发展，避免趋同化和低级化竞争。[1]

郭昕分析了云模式下的服务外包产业发展趋势，提出信息技术发展的 5 个重要趋势：云计算与云服务引领新一轮产业革命；移动智能终端和网络呈现泛在化；大数据成为商业资产并催生新商业模式；社会化网络服务的商务智能是客户关系管理（CRM）的核心能力；物联网渗透到智慧产业的每个领域。服务外包的重点突破领域是面向制造业的信息服务、现代服务业、电子商务和智慧城市。[2] 李西林认为目前我国服务外包产业的产业规模快速扩张，产业层次不断提升，以示范城市为主导的产业发展体系初步形成，知识产权保护和信息安全受到普遍重视，但也面临人才缺乏、企业规模小、产业规划和园区建设同质化现象严重等问题。[3] 姚萍、常莹基于中国劳动力就业市场视角，利用投入产出表以及各行业面板数据对承接国际服务外包的就业数量效应进行了实证检验，结果显示：承接外包对就业水平有积极影响，承接生产性服务外包对就业的影响大于承接服务外包，国际服务外包对资本密集型行业就业量的影响更大。[4]

姜荣春对全球服务外包产业发展的前景进行了梳理与分析。由于近几年全球服务外包产业增速放缓，其发展前景受到一些质疑。该研究深入分析了金融危机以来全球服务外包产业发展演进的主要轨迹和主要事实，结果表明参与国家和地区日益广泛，发展中国家不仅在服务提供而且在需求方面扮演的角色日益重要，服务业务逐步实现全面升级，不管是发达国家还是发展中国家，服务企业的全球化运营范围和水平持续扩展和提高。服务外包的兴起和发展是不可逆转的历史潮流，增速放缓反而促进其向更广泛的领域和更高级的阶段演进，特别是发展中国家融入全球知识价值链的

① 袁永友：《金融危机与服务外包内外需协调发展》，载《国际服务贸易评论（总第 3 辑）》，中国商务出版社，2009，第 6 页。
② 郭昕：《云模式下的服务外包产业发展趋势》，载《国际服务贸易评论（总第 7 辑）》，中国商务出版社，2013，第 18 页。
③ 李西林：《我国服务外包产业发展现状、问题及对策研究》，载《国际服务贸易评论（总第 7 辑）》，中国商务出版社，2013，第 453 页。
④ 姚萍、常莹：《中国承接国际服务外包对就业量影响的实证分析》，载《国际服务贸易评论（总第 7 辑）》，中国商务出版社，2013，第 363 页。

广度和深度显著提升。在此基础上，对中国服务外包产业发展实践中出现的一些问题进行深入系统剖析，提出应全面认识近几年国内服务外包产业增速放缓的根源和实质，在遭遇成长瓶颈和信用危机的情况下，部分海外上市企业主动退市是理性选择，所谓"中国之困"只是产业转型中的阶段性问题，对产业内涵的理解需与时俱进。①

李西林对新时期我国服务外包品牌化发展进行了深入研究。抓住机遇，打造"中国外包"品牌对全面深化经济体制改革、推动中国服务经济发展具有重要战略意义。基于国家品牌形成的基础要素和大国综合优势，结合我国服务外包产业发展的阶段性特征，打造"中国外包"品牌应着力实施自主发展战略。未来应立足我国服务外包产业发展实际，实施自主发展战略的国际化、内外并举、多元化、差异化、特色化五大子战略，为此就要积极构建品牌价值链、整合资源传播品牌。②

杨志远、谭文君、张庭海研究了软件服务出口与行业福利水平的关系。该研究扩展了 Grossman-Rossi-Hansberg 模型，从福利分析的角度入手，考察了中印两国软件出口对服务业相对工资的影响。通过结构向量自回归模型实证分析发现，软件服务外包对印度和中国服务业相对工资水平具有正向促进作用，并且中国软件业发展外包业务具备后发优势。③

① 姜荣春：《全球服务外包产业发展演进：主要轨迹、典型事实及对中国的思考》，载《国际服务贸易评论（总第 8 辑）》，中国商务出版社，2014，第 211 页。
② 李西林：《新一轮改革开放背景下的中国服务贸易——"京交会·第八届国际服务贸易论坛"征文综述》，载《国际服务贸易评论（总第 8 辑）》，中国商务出版社，2014，第 1 页。
③ 杨志远、谭文君、张庭海：《软件服务出口提高了行业福利水平吗？——来自中印两国的证据》，载《国际服务贸易评论（总第 8 辑）》，中国商务出版社，2014，第 377 页。

国际服务贸易区域化发展：地方经验及国际比较

课题组*

摘 要： 服务贸易是中国对外贸易的一个重要组成部分，对拉动我国经济增长，实现经济发展方式转变，推动贸易结构调整具有重要意义。对不同区域国际服务贸易的研究是发现问题和寻找对策的前提和基础，因此我国不同区域服务贸易的发展现状和问题成为国内学者分析和探讨的首要问题，积极研究并借鉴国际服务贸易发展的经验，对我国服务贸易发展意义重大。通过对比我国和不同发展阶段国家的服务贸易发展经验，我国应该积极开展与不同发展阶段国家的服务贸易合作，积极推动服务贸易业的科技进步，提高国际竞争力；注重对知识产权的保护；打造平台企业，构建品牌产品。

关键词： 国际服务贸易 区域研究 国际竞争力

一 中国服务贸易发展现状的研究

现状研究是国内服务贸易研究的一个重点，在研究方法上既有对服务贸易现状的定性描述，也有基于国内和国际服务贸易数据的实证研究。在研究内容上，侧重于服务贸易发展的模式、协调性和竞争力。

---

* 课题组：北京第二外国语学院中国服务贸易研究院研究团队。

张汉林提出，随着经济全球化，中国服务贸易发展也呈现了新的特点，如服务的可贸易性日益增强，知识经济、创意、原创在现代竞争中的地位和影响越来越突出，国内服务贸易和国际服务贸易的含义越来越难界定，科学和技术在日益改变服务业和服务贸易，服务业的发展水平决定了服务贸易水平。作为服务贸易发展的基础，我国服务业的发展水平与国际水平还存在很大差距，中国目前的税制也不足以支撑服务业的迅速发展，尤其是为生产服务的服务业的发展。① 郑吉昌认为，服务贸易和货物贸易的相关性增强，服务贸易成为全球产业链竞争的关键之一；服务外包成为新兴国家进入全球分工体系的重要途径；商业模式的创新复制成为商业存在的主要形式；服务贸易的发展推动中国国际贸易空间和重心的转移。② 方慧等从理论上分析了服务贸易对外贸增长方式的影响机制，进而利用中国服务业国际直接投资（FDI）数据对理论分析进行经验检验，结果表明中国服务贸易的发展存在技术溢出效应和人力资本效应，服务贸易通过两大效应影响中国服务业的发展，进而影响中国外贸增长方式。③

王亚飞在《中国服务贸易的实证分析及对策》中，通过分析中国服务贸易出口额在世界中的排名、中国服务贸易进出口总额和差额、中国服务贸易比较优势指数、中国服务贸易依存度，得出目前我国服务贸易虽然高于世界服务贸易同期的增长水平，但落后于发达国家，而且与发展中国家也存在很大的差距，中国在发展服务贸易的过程中应注意优化服务产业贸易结构，推动服务业市场化进程；利用服务贸易总协定（GATS）的相关条款及管辖范围真空，实行适度保护；制定和完善服务贸易立法，建立服务贸易竞争规则；建立和完善服务贸易的管理和协调机制；加强服务贸易人才培养，提高从业人员的素质。④ 裴长洪对 2008 年服务贸易的发展进

① 张汉林：《服务贸易发展新特点与中国服务贸易促进措施》，载《国际服务贸易评论（总第 2 辑）》，中国商务出版社，2008，第 3 页。

② 郑吉昌：《全球服务产业转移与服务贸易的新发展》，载《国际服务贸易评论（总第 2 辑）》，中国商务出版社，2008，第 17 页。

③ 方慧、李建萍、张贝贝：《服务贸易对中国外贸增长方式的影响机制研究》，载《国际服务贸易评论（总第 2 辑）》，中国商务出版社，2008，第 273 页。

④ 王亚飞：《中国服务贸易的实证分析及对策》，载《国际服务贸易评论（总第 3 辑）》，中国商务出版社，2009，第 259 页。

行分析，得出中国的服务贸易规模不大、逆差突出、服务贸易与货物贸易的比例严重失调，很大程度上是由服务贸易出口增长相对较慢造成的。① 赵书华和玄晶晶研究了中国影视和动漫产业的发展状况，并指出中国影视和动漫服务贸易虽然有了很大的发展，但是与发达国家仍然存在较大的差距。其主要原因在于中国对自己的传统文化不够重视；品牌缺乏，难以形成产业链；文化折扣制约中国服务贸易"走出去"；缺乏综合性人才。②

陈立泰和张祖妞采用区位熵、熵指数、H指数以及空间基尼系数，分别从总体水平、区域视角和行业视角分析了我国服务贸易集聚的现状及变动趋势。在此基础上，从要素禀赋、市场规模、对外开放水平、政府政策、地理位置以及工业发展水平的视角探讨了服务业集聚的影响因素。结果表明：对外开放水平、要素禀赋、地理位置以及工业发展水平与服务业集聚水平正相关，且对外开放水平、要素禀赋对服务业集聚水平作用最显著；沿海地区的地理位置优势对服务业集聚水平也有显著影响；而政府干预能力与服务业集聚水平负相关。③ 黄繁华和许世刚利用OECD成员国样本数据，对服务贸易流量决定因素进行了实证检验。研究表明，经济规模、地理位置、市场监管和开放程度以及知识产权保护状况等，都是决定服务贸易流量的主要变量。同时人力资源和信息化水平，对扩大服务贸易进口也有促进作用。④

陈汉林和郑云利用1997～2010年的贸易统计数据，使用静态的G-L指数和动态的MIIT指数，分别对我国服务业整体和服务业内不同部门的产业内贸易发展状况进行了实证分析，分析结果表明：我国服务业整体以产业内贸易为主要贸易模式，且处于高水平的产业内贸易状态。具体而言，我

① 裴长洪：《我国服务贸易发展的战略目标与当前措施》，载《国际服务贸易评论（总第3辑）》，中国商务出版社，2009，第18页。
② 赵书华、玄晶晶：《中国发展影视、动漫服务贸易的国际经验借鉴》，载《国际服务贸易评论（总第3辑）》，中国商务出版社，2009，第237页。
③ 陈立泰、张祖妞：《我国服务业集聚的变动趋势及成因》，载《国际服务贸易评论（总第3辑）》，中国商务出版社，2009，第149页。
④ 黄繁华、许世刚：《国际服务贸易流量决定因素：基于引力模型的研究》，载《国际服务贸易评论（总第3辑）》，中国商务出版社，2009，第119页。

国劳动密集型服务部门是以产业内贸易为主要特征，而资本或技术密集型服务部门是以产业间贸易为主要特征。[①] 徐荣荣分别探讨了技术溢出效应和要素积累尤其是人力资本积累对我国服务贸易比较优势动态变化的影响，结果表明，FDI 带来的技术外溢和人力资本积累的水平是影响我国服务贸易比较优势的重要因素。[②] 龚静总结了改革开放以来中国服务贸易产业内贸易以及服务业发展的特征，对两者间是否存在协同关系进行了相应分析。结果表明，服务贸易产业内贸易与服务业发展之间存在长期与短期的均衡关系，且具有相互影响的路径，在研究期内协同发展的机制已形成，但两者间关系较多向单方面发展并存在滞后影响。[③]

孙立行分析了我国 1982 ~ 2012 年的服务贸易额数据后认为，我国服务贸易发展态势迅猛，服务贸易结构逐步优化，但长期处于逆差状态，传统服务贸易占据主导地位且是逆差的主要来源。未来我国服务贸易的发展趋势是服务业信息化、制造业服务化、服务外包高端化。[④] 周柳军从全球价值链中服务贸易的角色出发，提出全球价值链的形成使国际服务贸易结构呈现新的变革，在全球价值链背景下大力发展服务贸易有利于提升外贸附加值、提升产业链竞争力、转变经济发展方式。[⑤] 陈昭重点从发展模式和体制机制视角分析服务贸易现状，认为我国服务贸易发展取得了可喜的成就，迎来了新的发展机遇期，但产业瓶颈和制度瓶颈制约着中国服务贸易发展，建议改革和创新管理体制，处理好服务贸易及货物贸易的关系。[⑥] 裴长洪对我国服务贸易现状有相同的认识，并特别指出我国应当允许服务

[①] 陈汉林、郑云：《中国服务业产业内贸易发展状况的实证研究》，载《国际服务贸易评论（总第 6 辑）》，中国商务出版社，2012，第 257 页。

[②] 徐荣荣：《我国服务贸易比较优势影响因素的实证分析》，载《国际服务贸易评论（总第 6 辑）》，中国商务出版社，2012，第 208 页。

[③] 龚静：《中国服务贸易产业内贸易与服务业发展存在协同性么？——基于 VAR 模型的动态效应分析》，载《国际服务贸易评论（总第 6 辑）》，中国商务出版社，2012，第 148 页。

[④] 孙立行：《促进新时期我国服务贸易发展的对策研究》，载《国际服务贸易评论（总第 7 辑）》，中国商务出版社，2013，第 231 页。

[⑤] 周柳军：《大力发展服务贸易 提升国际分工地位》，载《国际服务贸易评论（总第 7 辑）》，中国商务出版社，2013，第 3 页。

[⑥] 陈昭：《中国服务贸易发展模式创新及体制机制改革》，载《国际服务贸易评论（总第 7 辑）》，中国商务出版社，2013，第 138 页。

贸易有一个较长时期的逆差状态。①

逯宇铎、戴美虹以货物、服务贸易发展协调性为切入点，根据钟摆原理对中国 2006～2011 年货物贸易和服务贸易发展协调性的失衡程度加以测度，指出对于贸易出口流向，中国货物、服务贸易发展协调性的失衡比例为 75.32%，对于贸易进口流向，失衡比例为 13.49%。② 万璐和程宝栋构建了 2000～2011 年中国服务贸易面板数据，利用核密度估计方法，从总体、分类别角度探讨了中国服务贸易的动态演进特点，提出在服务行业层面，中国服务贸易增长的正向变化来自服务进口的贡献；在中国现代服务贸易总额的增长中，现代服务出口作用大于现代服务进口。③ 成祖松研究了 1997～2011 年中国服务贸易的比较优势及其动态变化趋势，并使用面板数据单位根检验等多种方法对其稳定性进行检验，检验结果表明，中国服务贸易在建筑部门以及其他商业服务方面具有较明显的比较优势，计算机和信息、咨询服务的比较优势提升较快，旅游服务的比较优势逐年下降，运输、通信、保险、金融、专有权利和特许、电影音像产品服务贸易在整体上表现为比较劣势。④ 张英从服务贸易发展总量、服务贸易行业结构、竞争力指数三个角度对中美两国的服务贸易发展进行比较分析后发现，中国在低附加劳动密集型和资源密集型服务贸易方面拥有相对优势，同美国的服务贸易发展具有较强的互补性。⑤ 崔日明、张志明采用中国服务业面板数据和固定效应模型对服务贸易对中国服务业劳动需求弹性进行实证研究，发现服务贸易通过替代效应和产出效应两条路径对服务业劳动需求弹

① 裴长洪：《我国服务贸易发展的现状和趋势》，载《国际服务贸易评论（总第 7 辑）》，中国商务出版社，2013，第 22 页。
② 逯宇铎、戴美虹：《中国服务贸易与货物贸易发展是否有失协调？——基于中国与 28—30 个国家经济体的比较研究》，载《国际服务贸易评论（总第 7 辑）》，中国商务出版社，2013，第 182 页。
③ 万璐、程宝栋：《基于核密度估计的中国服务贸易动态变化研究》，载《国际服务贸易评论（总第 7 辑）》，中国商务出版社，2013，第 214 页。
④ 成祖松：《中国服务贸易比较优势动态变迁的实证研究》，载《国际服务贸易评论（总第 7 辑）》，中国商务出版社，2013，第 285 页。
⑤ 张英：《中美服务贸易竞争力的比较与实证分析》，载《国际服务贸易评论（总第 7 辑）》，中国商务出版社，2013，第 481 页。

性产生作用。①

二 中国各区域服务贸易研究

北京和上海作为服务贸易中心，具有较强的代表性，有部分学者研究这两个城市的服务贸易发展。李小牧发现在整体国际贸易环境、经济形势不太乐观的背景下，北京服务贸易依旧取得较好成绩，且北京在全国新兴服务行业贸易中的占比均保持在20%以上。未来服务贸易将形成北京、上海、广东三足鼎立的格局，贸易发展方式、模式将加速转变，空间区位优势和特征进一步彰显，新兴业态培育及品牌孕育将成为未来发展的重要指向。② 张佑林认为上海具有发展成为中国文化贸易龙头的先天优势，已经涌现出了一批富有活力的对外文化贸易企业。雄厚的文化产业基础、合理的出口路径选择、出口贸易高端平台的搭建、政府的科学组织与引导等构成上海文化贸易发展的基础。③ 丁玉敏、罗俊霞研究了中国（上海）自由贸易试验区（简称"上海自贸区"）与我国服务贸易发展的关系。上海以其在服务业与服务贸易方面的发展优势，成为中国扩大服务业对外开放的试验区。上海自贸区以海关特管区为基础，选择金融、航运、商贸、专业服务、文化领域、社会服务等六大服务领域扩大开放。上海自贸区的建设有助于长三角区域分工和联动发展，推动形成以上海为核心的世界级城市群，促进我国服务业对外开放水平提升。但从短期来看，上海自贸区在金融、监管、税收政策方面的创新将对我国服务业及服务贸易的发展产生一定冲击。因此，应建立及时的风险预警机制，从政策上促进全球贸易网络的形成，并谨慎对待国际服务贸易新规则，增强知识产

① 崔日明、张志明：《服务贸易对中国服务业劳动需求弹性的影响——基于行业面板数据的经验研究》，载《国际服务贸易评论（总第7辑）》，中国商务出版社，2013，第148页。
② 李小牧：《北京服务贸易发展与展望》，载《国际服务贸易评论（总第7辑）》，中国商务出版社，2013，第27页。
③ 张佑林：《上海文化贸易发展的成功经验与对策研究》，载《国际服务贸易评论（总第7辑）》，中国商务出版社，2013，第404页。

权保护观念，注重体制创新经验的可复制与再推广。① 柳礼奎从京沪渝旅游服务贸易发展的经验中探寻对天津旅游服务贸易的启发，提出针对天津旅游业发展培育旅游服务贸易发展的"闪光点"，寻找会展、节事等旅游产品的"突破口"和引导邮轮经济成为旅游服务贸易的"生力军"等建议。② 杨枝煌系统梳理了两届中国（北京）国际服务贸易交易会（京交会）的基本情况及存在的问题。京交会在声势上已经略有成效，但还只是一种交流倡议性会议，实际绩效远不如中国进出口商品交易会（广交会），还无法实现国家战略意图。未来，京交会应该在促进中国经济发展方式转变、支持首都建设、推进行政体制改革、保障中国民生、提高中国参与全球治理等方面提升战略功能，从而为实现中华民族伟大复兴的中国梦贡献力量。③

随着全球化的不断深入，文化贸易发展日益受到各国重视。作为北京文化名片的"北京京剧"越来越注重市场化及国际化发展。李嘉珊、王亦琳、任爽分析了市场导向下"北京京剧"进行对外贸易的空间布局以及模式探索，阐述了新时期下"北京京剧"进行空间布局的必要性，认为"北京京剧"的对外贸易已成为不可避免的时代趋势。研究表明，当前"北京京剧"主要面临两个问题，一是对外贸易动力不足，二是市场分析严重缺乏。"北京京剧"的发展，应以市场为导向，积极培育具有稳定消费群体的国内市场，拓展与优化海外市场空间战略布局，在调查研究各个目标市场的基础上锁定特定市场，巩固并扩大已有市场，开拓并发展潜在市场，实现"北京京剧"对外贸易经济效益与社会效益的双赢。④

袁永友等分析了示范城市服务外包产业发展与人才培养差异化的机

① 丁玉敏、罗俊霞：《中国（上海）自由贸易试验区与我国服务贸易发展研究》，载《国际服务贸易评论（总第 8 辑）》，中国商务出版社，2014，第 367 页。

② 柳礼奎：《京沪渝旅游服务贸易发展给予天津的启示》，载《国际服务贸易评论（总第 6 辑）》，中国商务出版社，2012，第 198 页。

③ 杨枝煌：《提升京交会推进实现中国梦的战略功能》，载《国际服务贸易评论（总第 8 辑）》，中国商务出版社，2014，第 418 页。

④ 李嘉珊、王亦琳、任爽：《以市场导向优化北京京剧对外贸易空间布局战略研究》，载《国际服务贸易评论（总第 8 辑）》，中国商务出版社，2014，第 359 页。

理，提出了示范城市服务外包人才培养差异化发展的对策。①

深圳服务贸易位居全国第三。赵辉通过对深圳"福田模式"和深圳服务外包形式的多样性与成功案例进行分析，总结出深圳服务贸易发展的做法和不足并提出把深圳建设成为与京沪并列的全国服务贸易先导示范城市的战略定位。②

杨蕾对影响西安承接国际服务外包的六个具有代表性的因素进行了实证分析。研究显示，外商直接投资对西安市服务外包发展程度的影响最大，并在此基础上提出西安市服务外包构建外资拉动模式的政策建议。③

尹晓波、钟小英、洪鑫从服务贸易对海峡两岸经济增长贡献度的视角出发，论证了无论经济是处于高速发展阶段还是受到经济危机的影响，服务贸易对大陆、台湾地区经济持续增长都起着决定性作用。④

施新民对绍兴市国际服务贸易发展进行了探讨。绍兴市服务贸易规模不大、结构形态相对单一、核心竞争力不足，仍处于初级发展阶段。同时，还存在政策促进体系不健全、公共服务体系不完善、发展主体基础薄弱等问题。从发展机遇、比较优势及贸易环境方面来看，绍兴市发展服务贸易具有一定基础条件和优势。推动绍兴市服务贸易发展，应该加快形成服务贸易的推进机制、完善服务贸易的促进体系、扩大服务贸易的出口规模、加大服务贸易的平台建设、加强服务贸易的人才培养。⑤

三 中国服务贸易的国际竞争力研究

服务贸易发展水平是衡量一个国家经济发展水平和阶段的重要标志，

① 袁永友等：《金融危机与服务外包内外需协调发展》，载《国际服务贸易评论（总第 3 辑）》，中国商务出版社，2009，第 208 页。
② 赵辉：《从深圳经验看沿海中心城市服务贸易发展战略定位及作用》，载《国际服务贸易评论（总第 6 辑）》，中国商务出版社，2012，第 179 页。
③ 杨蕾：《西安承接国际服务外包影响因素的实证研究》，载《国际服务贸易评论（总第 6 辑）》，中国商务出版社，2012，第 334 页。
④ 尹晓波、钟小英、洪鑫：《海峡两岸服务贸易对经济增长贡献度比较研究》，载《国际服务贸易评论（总第 6 辑）》，中国商务出版社，2012，第 227 页。
⑤ 施新民：《发展绍兴市国际服务贸易的若干思考》，载《国际服务贸易评论（总第 8 辑）》，中国商务出版社，2014，第 429 页。

是一个国家经济实力和国际竞争力的重要体现，是提高对外贸易水平和参与国际分工能力的重要举措。服务贸易有别于以体力劳动为支柱的加工贸易，是以知识型、技能型劳动力进入全球化市场的贸易模式，有助于转变经济发展方式，调整产业结构，扩大高端劳动力就业以及提高国际竞争力。殷凤等提到，由于发展阶段和发展水平不同，各国在服务贸易规模和竞争力方面差距巨大。发达国家仍占国际服务贸易的绝对主导地位，占全球服务进出口总额的 3/4 以上，其中，美、英、德三国就占了全球服务贸易总额的近 30%。近年来，虽然发展中国家和地区在国际服务贸易中的地位呈上升趋势，但与发达国家相比，在服务贸易整体规模方面还有相当大的差距，且大多处于服务贸易逆差状态。[1] 陈双喜等认为，虽然我国服务贸易的发展速度很快且贸易量巨大，但由于我国服务业发展起步比较晚、发展速度较慢，国内的服务业规模小、基础差，更多的是依靠大量的劳动力和低廉的成本参与国际竞争，缺乏对高增加值服务产品市场争夺的竞争力，形成了我国服务产业支持不足、服务产品竞争力弱的现状。[2] 罗立彬运用 1982～2007 年较长的时间序列数据，通过计算中国服务贸易总体及各项目的贸易竞争力指数（TC）、出口市场份额和显性比较优势指数（RCA），详细分析了中国服务贸易的国际竞争力及其特点，并与印度、日本和美国的服务贸易竞争力及结构进行了一定的对比，认为中国服务贸易竞争力整体较弱，其中旅游业竞争力最强，其他知识与技术密集型商业服务业的竞争力正缓慢改善；"入世"对提高中国服务业的国际竞争力可能起到推进作用。[3]

肖维歌运用 1998～2007 年的数据，通过显示性比较优势、显示性竞争优势和贸易指数等分析了中国运输服务贸易的国际竞争力水平，并借此提出提升我国运输服务贸易国际竞争力的对策。研究显示，我国运输服务贸易

---

① 殷凤、陈宪：《国际服务贸易影响因素与中国服务贸易国际竞争力研究》，载《国际服务贸易评论（总第 2 辑）》，中国商务出版社，2008，第 128 页。

② 陈双喜、李开捷：《中国服务贸易国际竞争力分析》，载《国际服务贸易评论（总第 2 辑）》，中国商务出版社，2008，第 478 页。

③ 罗立彬：《中国服务贸易国际竞争力的实证分析》，载《国际服务贸易评论（总第 2 辑）》，中国商务出版社，2008，第 467 页。

的国际竞争力从 1999 年以后就开始稳步提升，但是相对于运输服务进口和服务贸易总额，运输服务出口增长速度还是比较慢的，其结果表明我国运输服务贸易的国际竞争力总体上还是比较弱的。因此，在加快服务贸易发展的大背景下，中国应完善运输服务体系；规范运输服务提供企业经营，提升运输服务的质量；开拓运输服务出口市场，完善多种运输方式。[①] 李英爽、李锡玲和周国龙一方面分析了英国和韩国文化创意产业服务贸易的特点及经验启示，另一方面探讨了文化创意产业服务贸易的崛起以及如何提升文化创意产业在我国服务贸易中的竞争力的策略。[②] 黄满盈和邓晓虹选择了中国等 18 个经济体，对跨境交付和商业存在两种模式下中国金融服务贸易的国际竞争力进行了比较分析，认为关于跨境交付模式下的金融服务贸易，中国的竞争力处于 18 个经济体中的最后一名；关于商业存在模式下的金融服务贸易，不论是与东亚经济体相比，还是与"金砖四国"的其他成员相比，中国金融业都具备了较强的竞争力，但与发达国家还存在较大的差距。[③]

四 国别间的服务贸易比较研究

(一) 发达国家服务贸易比较研究

周念利和王颖然着眼于对区域服务贸易自由化安排所呈现的四大特征，认为区域贸易协定涉及较少的缔约方，可以进行更加具体的谈判，签订的协议较多边体制下更加灵活实用，也会产生更加激进的自由化条款。[④] 石俊芳采用贸易竞争力指数对美国、欧盟和日本的服务贸易进行了定量分析，得出结论：美国的服务贸易总体具有比较优势，尤其是旅游服务的竞争力较强；欧盟旅游服务的竞争力较弱，其他服务具备一定的竞争力；日

① 肖维歌：《我国运输服务贸易国际竞争力分析》，载《国际服务贸易评论（总第 3 辑）》，中国商务出版社，2009，第 291 页。
② 李英爽、李锡玲、周国龙：《文化创意产业服务贸易竞争力研究》，载《国际服务贸易评论（总第 3 辑）》，中国商务出版社，2009，第 333 页。
③ 黄满盈、邓晓虹：《中国金融服务贸易国际竞争力分析——基于 BOP 和 FATS 统计的分析》，载《国际服务贸易评论（总第 3 辑）》，中国商务出版社，2009，第 189 页。
④ 周念利、王颖然：《区域服务贸易自由化机制的十大"GATS +"特征分析》，载《国际服务贸易评论（总第 6 辑）》，中国商务出版社，2012，第 42 页。

本的服务贸易存在长期逆差，因此国际竞争力较弱。①

汤婧以美国为研究对象，通过对其服务贸易发展特征的分析以及相关政策措施的评估，总结出美国发展服务贸易的有益经验，从调整服务贸易内部结构、健全相关的国内法律体系、构建服务贸易出口促进体系三方面提出对我国的启示。② 王绍媛等针对美国在货物贸易领域的301制度，探讨了随着制度影响的日益加深以及服务贸易对美国经济发展重要性的提升，针对服务贸易保护的独立条款的诞生指日可待。③ 杨逢珉和杨金超通过分析发现，在中美文化产品贸易中，中方有巨大的贸易顺差，但贸易顺差主要由低附加值的劳动密集型文化产品出口引起。同时，出口的低附加值文化产品在美国并没有明显的比较优势。中美文化产品贸易前景并不乐观，中国文化产业任重而道远。④ 杨杰、卢进勇通过1997~2012年中美两国服务贸易构成与货物贸易稳健标准差回归分析，对中美两国服务贸易与货物贸易互动协同发展进行了深入研究。⑤ 服务贸易与货物贸易均呈现互动协同发展趋势，且存在正相关，这一结果也在天津外国语大学滨海外事学院的石俊芳⑥的研究中再次得以验证。货物贸易受2008年金融危机影响较大，而服务贸易波动则相对较小。我国生产性服务业与第二产业关联较强，而美国生产性服务业则更依赖第三产业。这在一定程度上说明，我国服务业在为制造业提供支撑的同时，表现出较强的依附性，第二产业对经济增长的重要性仍不容忽视。而美国作为发达国家，服务业发展程度高，且不同部门之间的关联支撑作用明显，这为我国服务业发展及工业转型升

① 石俊芳：《发达经济体服务贸易发展经验分析及对我国启示研究》，载《国际服务贸易评论（总第6辑）》，中国商务出版社，2012，第237页。
② 汤婧：《美国服务贸易的发展经验及对我国的启示》，载《国际服务贸易评论（总第6辑）》，中国商务出版社，2012，第141页。
③ 王绍媛、李国鹏：《301制度下ST301条款的可能性》，载《国际服务贸易评论（总第6辑）》，中国商务出版社，2012，第183页。
④ 杨逢珉、杨金超：《中美文化产品贸易中我国文化产品竞争力分析》，载《国际服务贸易评论（总第6辑）》，中国商务出版社，2012，第190页。
⑤ 杨杰、卢进勇：《中美两国服务贸易与货物贸易互动协同发展研究》，载《国际服务贸易评论（总第8辑）》，中国商务出版社，2014，第171页。
⑥ 石俊芳：《我国对外服务贸易与货物贸易互动协同发展研究》，载《国际服务贸易评论（总第8辑）》，中国商务出版社，2014，第388页。

级提供了方向。交通运输服务业出口贸易、旅游服务业进出口贸易、建筑服务业与保险服务业进口贸易额增加有助于货物出口贸易能力的提升，而专利使用费和特许费服务贸易额增长将制约货物出口。

路明通过对德国服务贸易管理与运行模式的分析，发现中国服务贸易尽管发展迅速，但总体水平仍然与德国有较大差距，进而提出了建设和完善我国服务贸易管理体系的设想与建议。[1]

中日韩 FTA 谈判的重要议题以往都是围绕货物贸易展开的，而在未来的谈判中，服务贸易将成为中日韩 FTA 谈判的主要领域。李军、袁广平利用国际市场占有率和显性比较优势指数（RCA）两个指标来对比研究中日韩三国各分类服务行业的国际竞争力情况。结果表明，三个国家服务贸易的国际竞争力都有待加强。通过对三个国家各类服务行业的 RCA 指数系统的对比分析，发现中日韩三个国家在不同的服务行业具有不同的竞争优势，中国在旅游和计算机信息方面的竞争力较强。尽管如此，我国旅游服务的竞争优势却是不断降低的，需要引起高度重视。而日本在保险、专利与许可权方面有明显的竞争优势，韩国则在运输、通信、建筑、金融、个人文化和娱乐服务方面具有明显的竞争力。[2] 陈磊、曲文俏深入分析了中日韩金融服务业发展水平，对中日韩三国金融服务贸易竞争力进行了比较分析，发现我国与日韩金融服务业发展水平尚有一定差距，提出了提升中国金融服务贸易国际竞争力的对策。[3] 陈彬从比较法的角度考察了日、美、欧等地的服务贸易法律制度，认为我国应建立健全一套符合国际经济形势演化与国内经济形势发展的服务贸易法律制度和管理体系。在推动国际服务贸易自由化的过程中，发展中国家应提高服务的技术层次，发挥服务贸易作为技术转让渠道的作用。[4]

---

[1] 路明：《中德服务贸易对比与借鉴》，载《国际服务贸易评论（总第 6 辑）》，中国商务出版社，2012，第 271 页。

[2] 李军、袁广平：《FTA 框架下中日韩服务贸易国际竞争力的比较分析》，载《国际服务贸易评论（总第 8 辑）》，中国商务出版社，2014，第 241 页。

[3] 陈磊、曲文俏：《中日韩金融服务贸易竞争力比较研究》，载《国际服务贸易评论（总第 5 辑）》，中国商务出版社，2011，第 312 页。

[4] 陈彬：《中国服务贸易法律制度与管理体系的完善：一个比较法的研究》，载《国际服务贸易评论（总第 4 辑）》，中国商务出版社，2010，第 168 页。

周密通过对 10 个国家进行比较分析，在借鉴别国经验、立足本国实际、结合已有国家品牌"走出去"战略的基础上，提出了差异化战略、人才战略等促进我国服务贸易发展的对策建议。①

李嘉珊、赵晋晋从文化创意产业的国内发展规模和海外贸易收入两个角度，分析了我国和英国文化经济及文化贸易领域的现状，认为我国文化创意产业已初具规模。但短时间内文化贸易逆差难以逆转，需要政府对文化贸易发展给予更多的重视，也需要文化企业和文化人才的培养机构积极参与文化贸易发展进程。② 杨宇婷等通过对图书版权贸易、动漫贸易和电影贸易这三个文化贸易重点领域进行分析比较，得出中美文化贸易发展的差别，我国要借鉴美国经验，制定鼓励和促进文化商品出口的有关政策；生产适应国际市场需求的文化产品；大力开展中外企业国际合作；高度重视文化人才的培养。③

（二）发展中国家服务贸易比较研究

杜秀芳对中国与东盟服务贸易竞争力进行了比较分析，指出虽然我国在服务贸易规模和世界服务出口市场占有率上强于东盟各国，但在服务贸易发展基础上弱于东盟中某些较为发达的国家，我国应尽快制定相应发展战略，保证我国对东盟服务贸易的健康发展。④ 文岚通过对中国和泰国之间国际教育服务贸易发展的市场不确定性状态进行分析，认为要保证该市场可持续发展，就必须降低信息搜集成本，增加边际收益。⑤

印度和菲律宾都已在服务外包产业的国际竞争中取得一些明显优势。陈彬分析了印度服务贸易管理体制、法律体制、政策体系及其主要特点，

---

① 周密：《探索中国的服务贸易发展之路》，载《首届国际服务贸易论坛暨〈国际贸易〉创刊 25 周年学术年会论文集》，中国商务出版社，2007，第 132 页。

② 李嘉珊、赵晋晋：《中英文化创意产业发展现状及其对外贸易实证对比》，载《首届国际服务贸易论坛暨〈国际贸易〉创刊 25 周年学术年会论文集》，中国商务出版社，2007，第 72 页。

③ 杨宇婷、熊涓：《中美文化贸易发展的比较分析》，载《国际服务贸易评论（总第 3 辑）》，中国商务出版社，2009，第 229 页。

④ 杜秀芳：《中国与东盟服务贸易竞争力比较分析》，载《首届国际服务贸易论坛暨〈国际贸易〉创刊 25 周年学术年会论文集》，中国商务出版社，2007，第 404 页。

⑤ 文岚：《中泰国际教育服务贸易发展的市场不确定性分析》，载《首届国际服务贸易论坛暨〈国际贸易〉创刊 25 周年学术年会论文集》，中国商务出版社，2007，第 415 页。

指出我国在面临发展服务贸易的大好时机时，应该吸取印度的经验和教训，建立自己的服务贸易管理模式；建立发展基于知识经济的服务贸易国家战略；健全服务贸易法律体系；选择开放国内服务贸易，扶持强劲行业；积极参与多哈回合服务贸易谈判，争取更大的国家利益；通过自由贸易区扩展服务贸易。[1] 姜荣春详细分析了印度和菲律宾服务外包产业的发展模式和主要特征，并在此基础上比较了二者的异同。研究结论是两国服务外包产业发展的背景、路径、性质、影响力和面临的挑战相似，但产业规模、成熟度、企业竞争力、跨国公司的作用存在明显差异。[2] 田园、程宝栋、赵亚平在介绍《中巴自贸区服务贸易协定》缔结背景的基础之上，分析了中巴自贸区服务贸易之所以能取得高度自由化的原因，基于此对中国的区域贸易安排战略提出了相应的对策建议。[3]

王荣艳、杨晓桐针对中印两国服务行业，通过面板数据分析了两国主要经济因素对服务贸易的影响。中国和印度服务贸易发展状况相近，相较于中国，印度的计算机、金融等资本技术密集型产业具有明显的竞争力，研究中印两国的服务贸易对我国服务产业结构优化升级具有借鉴意义。结果表明，服务业 FDI、人力资本均对中国和印度服务贸易出口额有促进作用，而印度服务业 FDI 的促进程度则受到经济规模限制，其他因素的影响作用也会受到经济规模限制。[4]

五　服务贸易进出口研究

服务贸易结构关系到服务业的可持续发展性以及发展水平，在我国服务贸易进出口失衡矛盾凸显的背景下，部分学者关注服务贸易进出口结构

[1] 陈彬：《印度服务贸易法律制度的主要特点及对我国的启示》，载《国际服务贸易评论（总第 3 辑）》，中国商务出版社，2009，第 89 页。
[2] 姜荣春：《印度、菲律宾服务外包产业发展模式比较研究及启示》，载《国际服务贸易评论（总第 6 辑）》，中国商务出版社，2012，第 84 页。
[3] 田园、程宝栋、赵亚平：《中巴自贸区服务贸易自由化机制分析及建议》，载《国际服务贸易评论（总第 6 辑）》，中国商务出版社，2012，第 134 页。
[4] 王荣艳、杨晓桐：《中印服务贸易影响因素差异实证分析》，载《国际服务贸易评论（总第 8 辑）》，中国商务出版社，2014，第 397 页。

的研究。

刘迪玲在评估"营改增"试点中有关服务贸易出口退税的规定、分析服务贸易出口退税的现状、总结其法理基础及国内外经验的基础上建议实行服务贸易出口退税改革，以优化出口结构。① 龚静利用出口技术复杂度指数测算了全球 88 个样本国（地）的服务贸易出口技术含量，结果表明，金融服务、专利使用费和特许费、计算机和信息服务的技术含量最高，且几乎各国都表现出服务贸易出口技术含量上升的变化趋势。② 杨逢珉、周洁基于 FDI 视角对服务业利用 FDI 对服务贸易出口结构竞争的优化作用进行实证检验，得出结论：长期 FDI 增加 1%，出口结构指数会上升 44%；短期服务业的实际利用 FDI 会偏离其与服务贸易出口结构优化的均衡关系，但是会以较快的速度拉到长期均衡上，其纠正速度系数为 -0.944。③ 刘旭等认为软件和信息服务业是现代服务业中发展最快的战略型新兴产业之一，软件出口统计是服务贸易统计的重要指标之一，建立统一的嵌入式软件出口统计目录日益迫切，并建议建立全国统一的"嵌入式软件出口产品统计目录"。④

徐舒婷以显示性竞争优势指标为基础，利用协整分析和基于向量自回归模型的脉冲响应分析法及方差分解法，采用 1982~2012 年的国际贸易数据考察了 13 个具代表性的发达国家和发展中国家货物贸易与服务贸易的贸易竞争力互动发展关系。结果表明，长期内各国货物贸易及服务贸易竞争力存在反向均衡关系，这在一定程度上也支持了现有文献中提出的货物贸易与服务贸易在差额上存在替代关系的观点；短期内发展中国家货物贸易竞争力对其自身的促进作用高于发达国家，而对服务贸易竞争力的贡献度

① 刘迪玲：《"营改增"下服务贸易出口退税政策研究》，载《国际服务贸易评论（总第 7 辑）》，中国商务出版社，2013，第 74 页。
② 龚静：《服务贸易出口技术复杂度及影响因素研究——基于 80 个国家（地区）面板数据的实证分析》，载《国际服务贸易评论（总第 7 辑）》，中国商务出版社，2013，第 99 页。
③ 杨逢珉、周洁：《FDI 对我国服务贸易出口结构优化的实证研究》，载《国际服务贸易评论（总第 7 辑）》，中国商务出版社，2013，第 352 页。
④ 刘旭、谢家强、林岚：《建立嵌入式软件出口统计目录的探讨》，载《国际服务贸易评论（总第 7 辑）》，中国商务出版社，2013，第 401 页。

则不及发达国家，体现了不同发展水平国家的比较优势所在。①

杨玲、杜运苏运用 Granger 因果检验和向量自回归（VAR）模型，比较了上海、香港、新加坡三地生产性服务贸易进口技术结构对人力资本积累的效应。人力资本是一国或地区提高科技水平的基本投入要素，提升人力资本累积效应是落实创新驱动发展战略的重要途径。该研究表明，借助生产性服务进口技术结构优化，通过将纺锤形结构向均衡型结构转变，上海可以促进人力资本累积增长 41.25%，高于同条件下香港 24.43% 和新加坡 4.83% 的增长。因此，生产性服务进口技术结构优化使上海人力资本积累有大幅提升空间，有助于推动地区实现技术创新和经济转型。②

六　中国服务贸易发展的战略选择研究

陈文玲提到，在新形势下，推动服务贸易发展就是要把服务贸易的发展上升为国家战略，制定并且实施推动服务贸易加快发展的战略和政策，扩大服务贸易的规模，提高我国参与国际分工和竞争的能力，推动服务贸易持续、健康、快速发展。这是新时期对外开放战略和产业结构优化调整战略的重要内容。③ 张汉林认为，要改革中国现有的国税和地税分税制，制定服务业对外开放和对内开放并举的政策，消除服务业国内市场准入和产业投资准入的差距，包括粤港服务贸易的问题，要实行中性的贸易和投资政策。④ 张宇提出，要把握时代潮流和科技进步的节拍，制作具有中国

---

① 徐舒婷：《货物贸易与服务贸易的互动关系研究——基于 1982—2012 年显示性竞争优势指数的实证分析》，载《国际服务贸易评论（总第 8 辑）》，中国商务出版社，2014，第 252 页。

② 杨玲、杜运苏：《生产性服务贸易进口技术结构对人力资本的累积效应研究——基于上海、香港、新加坡的比较分析》，载《国际服务贸易评论（总第 8 辑）》，中国商务出版社，2014，第 298 页。

③ 陈文玲：《推动中国服务贸易发展的政策选择》，载《国际服务贸易评论（总第 2 辑）》，中国商务出版社，2008，第 29 页。

④ 张汉林：《服务贸易发展新特点与中国服务贸易促进措施》，载《国际服务贸易评论（总第 2 辑）》，中国商务出版社，2008，第 3 页。

特色和国际品质的中国文化产品，同时重视产品贸易、服务贸易和文化方面的知识产权贸易。[①] 李秉强等采取 1997～2006 年的数据从贸易竞争指数和显性比较优势指数两方面进行分析，结果表明我国银行业服务贸易的竞争力较弱，我国应从积极稳妥推进对外开放、合理引进外商直接投资、提高人力资本水平和信息化水平等方面来提升竞争力。[②]

单庆江认为发展我国服务贸易，政府要加强服务贸易工作的统筹协调，健全服务贸易法律、法规和政策体系，扩大重点领域服务出口，完善服务贸易统计体系，完善服务贸易促进体系和服务贸易支持政策。[③] 王新华和汪朝阳基于对中国服务业外商直接投资的技术外溢效应的研究，提出了针对性对策建议：缩小内资服务业与外资技术的差异；进一步加大服务业开放力度。[④] 赵君利用 SWOT 模型分析了我国服务贸易出口存在的优势和劣势，面临的机会和威胁。对扩大我国服务贸易出口提出了针对性政策建议：适应国际发展趋势，调整服务贸易出口结构；建立良好的服务贸易促进机制，完善服务贸易市场体系；完善服务贸易相关立法；推动服务贸易业的科技进步，提高国际竞争力；加大相关人才培养力度；为服务贸易提供政策支持。[⑤]

李丹和崔日明基于全球价值链分工的视角，认为融入全球价值链分工对中国服务经济的发展会造成一定的负面影响。但中国应该顺应新型分工模式的大趋势，在全球价值链分工中寻找服务经济的发展路径。[⑥] 占明珍提出应从现代服务业发展、服务业创新、人力资本投资、服务外包发展、

---

① 张宇：《后奥运时代中国文化贸易的机遇与挑战》，载《国际服务贸易评论（总第 2 辑）》，中国商务出版社，2008，第 7 页。
② 李秉强、逯宇铎：《我国银行业服务贸易竞争力分析》，载《国际服务贸易评论（总第 2 辑）》，中国商务出版社，2008，第 187 页。
③ 单庆江：《积极应对国际金融危机促进中国服务贸易平稳较快发展》，载《国际服务贸易评论（总第 3 辑）》，中国商务出版社，2009，第 3 页。
④ 王新华、汪朝阳：《中国服务业外商直接投资的技术外溢效应——基于面板数据模型的实证研究》，载《国际服务贸易评论（总第 3 辑）》，中国商务出版社，2009，第 140 页。
⑤ 赵君：《基于 SWOT 模型的扩大我国服务贸易出口的战略分析》，载《国际服务贸易评论（总第 3 辑）》，中国商务出版社，2009，第 298 页。
⑥ 李丹、崔日明：《南北服务经济发展失衡与中国的路径选择——基于全球价值链分工视角的研究》，载《国际服务贸易评论（总第 6 辑）》，中国商务出版社，2012，第 136 页。

对外开放度提高、法律法规建设等方面来推动中国服务贸易国际竞争力的提升。①

七 服务贸易政策设计研究

许晖、赵红梅通过对比分析京津沪穗等主要城市吸引外商投资服务业的状况，发现不同城市的比较优势，探索我国吸引外商投资服务业的关键因素与策略选择。② 刘迪玲、柴晔在借鉴国外服务贸易出口退税政策的基础上，提出了我国服务贸易出口退税政策的发展思路及实施路径、关注事项以及具体政策等，为政府制定服务贸易出口退税政策提供了理论依据和决策参考。③ 石士钧认为要推进服务贸易的市场准入，需要对本国的最惠国待遇条款进一步制定可操作的规定，并通过经济一体化形式实施更为开放的市场准入措施。④ 刘绍坚基于国际金融危机深层次影响仍在持续发酵的背景，提出我国应加快打破服务业垄断，强化专业人才储备，打造服务产业集群，发挥对外经济各部门的联动效应，完善促进体系，加大政策支持力度，推动我国服务贸易持续快速发展。⑤

关于提升服务贸易发展水平。我国服务贸易尚在发展初期，应充分利用两种资源、两个市场，实现服务贸易和谐发展。进一步扩大服务业开放，促进服务业有序竞争；加大服务业吸引外资力度，充分发挥服务业FDI外溢效应；加强知识产权保护，鼓励创新，推动品牌建设，大力发展技术和知识密集型高附加值服务业；引才与育才相结合，完善激励机制和

---

① 占明珍：《试论如何提高中国服务贸易国际竞争力》，载《国际服务贸易评论（总第6辑）》，中国商务出版社，2012，第309页。

② 许晖、赵红梅：《国际产业转移背景下我国吸引外商投资服务业的策略研究》，载《首届国际服务贸易论坛暨〈国际贸易〉创刊25周年学术年会论文集》，中国商务出版社，2007，第122页。

③ 刘迪玲、柴晔：《我国服务贸易出口退税政策设计》，载《国际服务贸易评论（总第5辑）》，中国商务出版社，2011，第67页。

④ 石士钧：《大力扩展我国服务贸易的市场准入——基于WTO规则体系的思路》，载《国际服务贸易评论（总第5辑）》，中国商务出版社，2011，第249页。

⑤ 刘绍坚：《危机影响下国际服务贸易发展趋势及中国的路径选择》，载《国际服务贸易评论（总第6辑）》，中国商务出版社，2012，第63页。

用人体系，构建高附加值服务贸易人才资源开发和管理体系；创新校企联盟，加强科教和科研成果转化；完善软硬件基础设施，强化公共技术服务平台功能建设。

关于服务贸易对经济增长的作用。需要加大对服务业的人力资本投入，改善我国服务贸易比较优势；对技术与知识密集型服务业发展提供政策支持；加强服务业自主创新能力，增加技术与知识密集型服务出口；适当增加劳动密集型服务和资本密集型服务的进口。

关于自然人移动项下的服务出口。我国需要以全球视野审视当前内外形势和自身特点，政府、协会和企业等有关各方有效协同，升级现有对外劳务合作管理模式，在改善境外发展环境和增强我国人员能力方面同时取得进展。为此需要明确核心利益，拓展多双边平台空间；完善政府对接，保障境外自然人权益；升级管理模式，面向新要求更新对外劳务合作体系；强化人力培训，提升人员素质和全球竞争力；提高风险应对能力，发挥市场资源配置决定性作用。

关于 FDI 与服务贸易的发展。为进一步发挥 FDI 对我国服务贸易的拉动作用，要提高服务业 FDI 引进项目的技术含量和 FDI 技术溢出效应；加强服务业人才培养，促进人力资本供给；提高外资利用效率，优化资源禀赋质量；优化服务业内部结构，促进企业创新，推动现代服务业和知识服务业发展。

关于海峡两岸服务贸易合作。争取早日落实《海峡两岸服务贸易协议》成果；以货物贸易为依托，带动相关服务贸易的出口；进一步利用服务要素的互补优势，优化各自服务产业结构，分工合作，实现双赢。

关于我国金融服务贸易的发展。加强金融服务贸易统计工作。目前，中国大陆还没有提供自己的双边金融服务贸易统计数据，要抓紧完善现有的 BOP 统计，还要立即着手建立完善的 FATS 统计。利用语言上的便利，大力开展同中国香港、中国台湾、东南亚等跟中国大陆属于共一语系国家（地区）的金融服务贸易。加强同香港在金融服务领域的合作，逐步实现两地金融服务贸易的自由化，加快提高内地金融企业的管理和服务水平。将包括捷克、澳大利亚、希腊、瑞典、爱沙尼亚、斯洛伐克、荷兰、意大利、丹麦等在内的"小型"市场作为金融服务出口的优先发展对象，拓宽金融服务出口市场空间，也有利于摆脱对主要金融服务出口市场的过度依赖。应加大国内经济体制改革力度，提高我国经济自由度。在开展多边、双边谈判时，积极促使贸易伙伴国放开对国内经济的限制，促进我国金融服务出口发展。

关于服务外包产业发展。统筹规划适用于现代服务业发展的新型政策体系。加快制定为产业发展创造公平环境的水平型政策；建立以人才为核心的产业发展促进体系；扩大服务业对内对外开放，营造有利于服务外包产业发展的大环境；实施服务外包品牌化发展战略，培育形成若干城市、园区、企业品牌。

应用与对策

催生"旅游+"新业态：一种服务贸易境外消费模式的分析

李嘉珊　张筱聆[*]

摘　要：境外消费模式是在一成员境内，向任何其他成员的消费者提供服务的方式。境外消费模式以旅游服务贸易最具典型性，吸引旅游入境消费是促进旅游服务出口的重要手段，旅游入境消费是中国旅游服务出口的重要组成部分。本文以中国旅游入境消费为研究对象，从中国旅游入境消费的现状入手，深入剖析中国旅游入境消费存在的主要问题，提出发展"旅游+"新业态，促进旅游入境消费升级，从而带动中国旅游产业高质量发展。

关键词：境外消费模式　旅游入境消费　"旅游+"新业态

加入世界贸易组织后，中国服务贸易取得了快速发展，对中国和世界都做出了巨大贡献。在这个进程中，中国旅游服务进口的贡献尤为突出，而中国旅游服务出口与之相比显得极为弱小。世界贸易组织《服务贸易总协定》将服务贸易划分为四种模式，其中境外消费模式以旅游服务贸易最具典型性，境外消费模式是在一成员境内，向任何其他成员的消费者提供服务的方式。旅游作为中华文化对外传播的载体，吸引旅游入境消费是促

---

* 李嘉珊，北京第二外国语学院教授，中国服务贸易研究院常务副院长，首都国际服务贸易与文化贸易研究基地首席专家，主要研究领域为国际文化贸易、国际商务沟通；张筱聆，北京第二外国语学院交叉学科国际文化贸易（英语语言文学）专业在读硕士研究生，匈牙利肖普朗大学国际经济与商务专业在读硕士研究生，国家文化发展国际战略研究院项目研究助理。

进我国旅游服务出口的重要手段，是推动中国旅游产业与文化产业深度融合高质量发展的现实路径。

一 旅游入境消费是中国旅游服务出口的重要内容

分工带来效益，交易产生幸福。境外消费模式强调消费者的位移，交易的产品和服务是不能被运输的，要完成境外消费模式的交易，不是将产品及服务进行运输，而是消费者本身前往服务提供者境内进行消费。消费者的跨境位移为境外消费模式的产生提供必要条件，消费驱动力是境外消费的决定性因素，主要包括消费者的消费需求、服务供给方产品及服务的吸引力。消费驱动力给予了消费者境外消费的理由，从根本上解释了消费者进行境外消费的主要动因。旅游入境消费者、旅游服务供给方、跨境旅游交通以及旅游消费生态构成了旅游入境消费的四个直接必备条件。

（一）旅游入境消费者

旅游入境消费者的收入水平及其经济基础决定了消费者的境外消费能力。消费需求即消费者的消费欲望，是消费者进行境外消费的主要推动力，境外消费需求具有多元性、衍生性以及猎奇性特征。所谓多元性，就是指消费者境外消费需求各异，如购物、就医、留学等。衍生性是指消费者因某一主要需求而进行境外消费，但在消费过程中会由这一需求引申出更多的消费需求。猎奇性则是指消费者由于对境外服务产品所在地或境外服务产品具有一定的好奇心而产生境外消费。

（二）旅游服务供给方

旅游服务供给方所提供的产品及服务的品质、独特性以及性价比等是境外消费产品与服务对消费者的吸引力所在。服务供给方最初可能只是针对境内消费者提供相应的产品及服务，但由于境外消费者的多元需求及产品与服务自身的吸引力，从而产生了境外消费。因此，为进一步开拓境外消费市场，吸引境外消费群体，服务提供商必须事先进行一系列的市场调研、资源开发、基础设施建设以及人员培训等前期资本投入，以期达到较高的服务水准，形成规范的管理与良好的声誉。这一类服务不仅针对境外消费者，境内消费者同样会享受到好处，同时境外消费也可以形成一定的规模经济效应。境外消费产品及服务提供者竞争力的提高不仅可以促使自身成本下降，也有利于整体利益的扩大。因此，大力发展境外消费模式，能够有效联通国内外消费市场，从而以全面开放激发服务贸易高质量发展。

（三）跨境旅游交通

跨境旅游交通，即境外消费者与旅游服务供给方之间的互联互通，是境外消费模式产生的重要条件，决定了境外消费者能否顺利地进行境外消费。交通的顺畅是实现互联互通的前提，决定了消费者以怎样的方式前往服务供给方所在地进行消费。目前，轮船、飞机、火车等交通方式已成为境外消费者境外消费的主要交通方式，交通方式的便利性、安全性以及快捷性逐渐成为境外消费者的衡量标准。因此，在出现多个服务供给方可供选择时，除了产品及服务的品质，境外消费者通常还会将交通作为首要参考。

（四）旅游消费生态

旅游消费生态是旅游入境消费模式有序发展和可持续发展的基础。整个境外消费产业链涉及多领域、多产业、多部门的相互融合，不论是"吃、住、行"的硬性消费，还是精神文化享受的软性消费，消费者的多元需求决定了境外消费产品和服务的综合性和广泛性。因此，应从境外消费产业链各环节着手，充分考虑消费需求，以多产业融合丰富消费内容，提升消费体验，构建良好的境外消费生态系统，从而提升消费者体验感及获得感，进一步推动境外消费高质量发展及可持续发展。

世界贸易组织对旅游服务贸易的定义为某国或某地区的旅游者为了消遣、商务或其他目的到另一国或地区，接受该国或地区旅游行业所提供的服务，并支付报酬的无形贸易。中国旅游入境消费即指中国境外旅游消费者前往中国境内，消费服务供给者在中国境内所提供的产品及服务，"吃、住、行、游、娱、购"旅游六大要素与旅游入境消费需求密切关联。因此，中国亟须以国际眼光凝练旅游特色与优势，夯实旅游产业基础，最大限度地培育好中国旅游市场，大力推动发展旅游入境消费模式，以高品质有特色的旅游产品及服务、便捷化的交通基础设施、舒适高效的消费生态吸引具有消费愿望及消费能力的境外消费者，从而实现"出口不出国"。

二 中国旅游入境消费现状及问题分析

改革开放以来，中国旅游服务贸易迅猛发展，对经济发展起到了极大的推动作用。但目前，中国出入境旅游发展极度不平衡，旅游市场亟须转型升级，催生"旅游＋"新业态，带动旅游产业高质量发展。

（一）入境旅游人数持平，亚洲为主要客源市场

文化和旅游部数据显示，2018 年，中国国内旅游人数高达 55.39 亿人次，比 2017 年增长 10.8%。出入境旅游总人数 2.91 亿人次，同比增长 7.8%。其中，入境旅游人数达 14120 万人次，同比增长 1.23%，出境旅游人数 14972 万人次，同比增长 14.72%，出境旅游人数 9 年来首次超过入境旅游人数。据统计，2010～2018 年，中国出境旅游人数增长明显，共增长 9233 万人次，平均增长率约为 12.68%，每年同比增长均大于入境旅游；入境旅游人数浮动较小，9 年来共增长 744 万人次，平均增长率约为 0.7%，且在 2012～2014 年呈现下降趋势，2015 年后有所回缓，但增速缓慢，从发展趋势来看，2010～2018 年入境旅游人数基本持平（见图 1、图 2）。

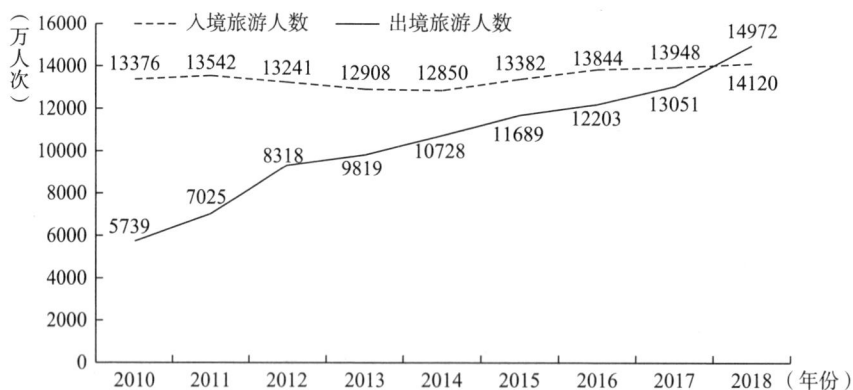

图 1 2010～2018 年中国出入境旅游人数统计

资料来源：《2018 年文化和旅游发展统计公报》。

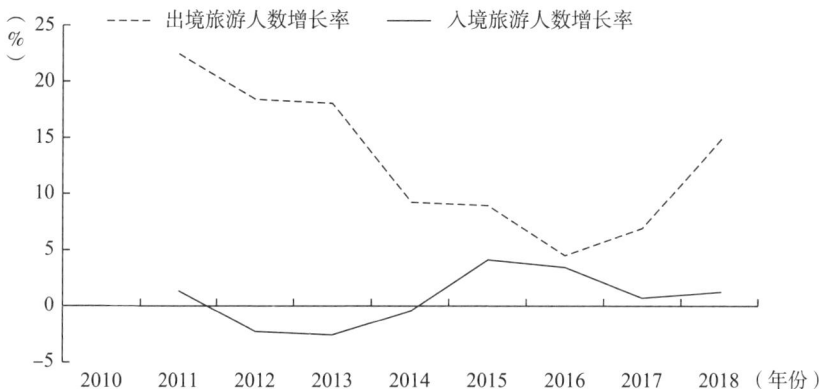

图2 2010～2018年中国出入境旅游人数增长率统计

资料来源：《2018年文化和旅游发展统计公报》。

2009～2018年，中国入境游客结构稳定，皆以亚洲入境游客为主，所占比例达60%以上（见图3），约是欧美入境游客的两倍。2018年，中国入境旅游主要客源市场前17位国家如下：缅甸、越南、韩国、日本、美国、俄罗斯、蒙古国、马来西亚、菲律宾、新加坡、印度、加拿大、泰国、澳大利亚、印度尼西亚、德国、英国（其中缅甸、越南、俄罗斯、蒙古国、印度含边民旅华人数）。世界旅游组织（UNWTO）发布的《2018年旅游亮点报告》显示，2017年世界旅游出境旅游消费排行前10位的国家中，共有7个是欧美国家，欧美仍然是世界上最大的出境游客源地，出境游人数占比为65%，但目前中国入境外国游客中亚洲消费者远超欧美消费者，中国对欧美中高消费能力人群吸引力较弱，未能迎合国际旅游主体消费者需求，欧美市场有待进一步开拓。

（二）入境消费呈现初级消费结构

2010～2018年，中国入境旅游收入与旅游总收入呈稳步上升的趋势，但入境旅游收入在旅游总收入中的占比却总体呈下降趋势，由2010年的19.75%下降到2018年的14.09%（见图4），入境旅游贡献率有待提升。2018年，中国国际旅游收入达1271亿美元，其中，外国人在华花费731亿美元，外国游客人均消费仅2465美元，远低于国内旅游人均消费。① 据

---

① 国家统计局。

亚洲入境游客占比　----非洲入境游客占比　……欧洲入境游客占比
拉丁美洲入境游客占比　-----北美洲入境游客占比

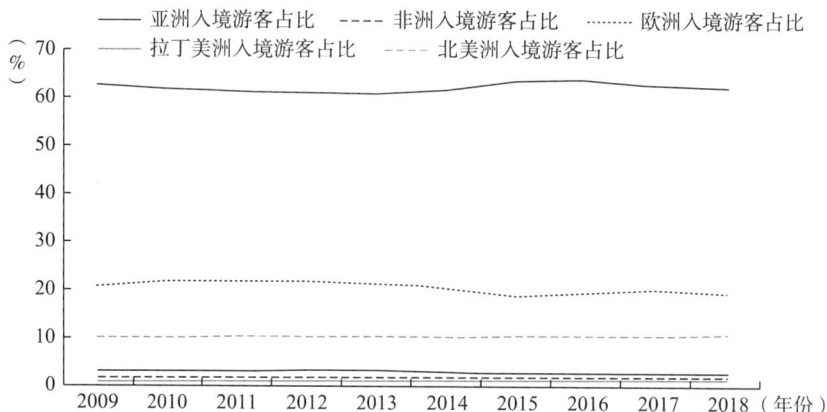

图3　2009~2018年入境游客统计

资料来源：国家统计局。

中国国内旅游人均消费及入境旅游人均消费统计，2010~2018年国内旅游人均消费快速发展，远大于入境旅游人均消费，入境旅游人均消费发展缓慢。2018年，国内旅游人均消费约为7748美元，入境旅游人均消费为900.16美元，国内旅游人均消费是入境旅游人均消费的8.6倍（见图5）。由以上数据统计可见，中国旅游市场仍主要面向境内游客，外向性不足，需进一步完善境外消费生态环境，提升旅游产品及服务附加值。

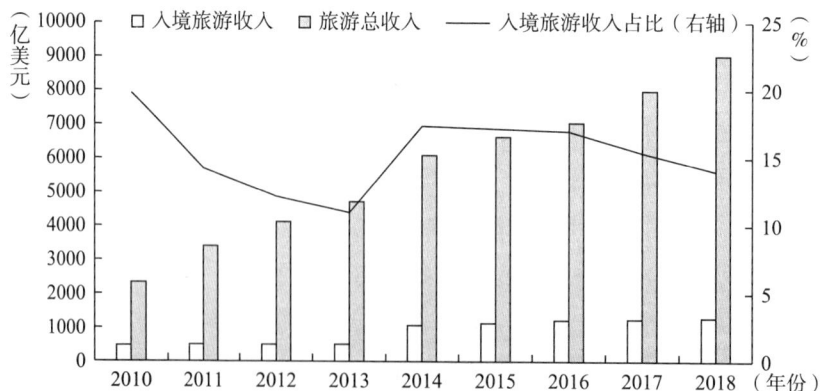

□入境旅游收入　□旅游总收入　——入境旅游收入占比（右轴）

图4　2010~2018年中国旅游收入情况统计

资料来源：《2018年文化和旅游发展统计公报》。

根据国家统计局公布的中国国际外汇收入数据统计，分析可得出，

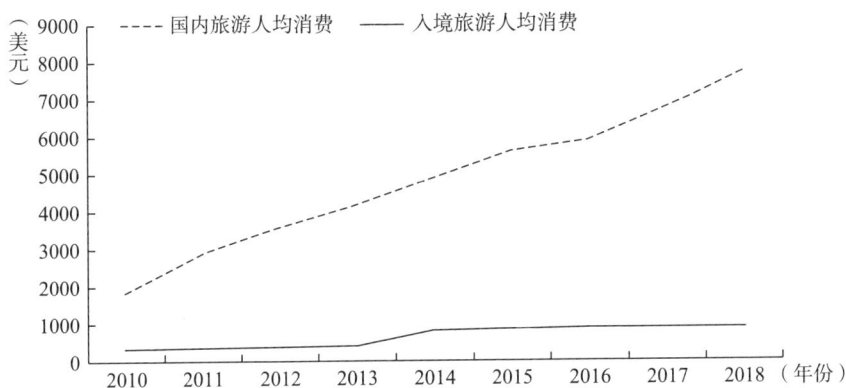

图 5　2010～2018 年中国国内旅游及入境旅游人均消费统计

资料来源：根据《2018 年文化和旅游发展统计公报》计算得出。

2015～2018 年中国国际旅游外汇收入持续增长（见表 1）。同时，以中国 2017 年国际旅游外汇收入构成为例，交通（长途交通及市内交通）为外汇收入主体，占比为 40%，商品销售占比为 19%，住宿占比为 10%，餐饮占比为 8%，娱乐占比为 6%，游览占比为 5%，邮电通信占比为 2%，其他服务占比为 10%（见图 6）。由此可见，旅游六要素中"吃""住""行"三大基本要素，仍是国际旅游外汇主要收入来源，占比为 58%，而涉及文化消费因素的"游""娱""购"占比为 30%，仅约为"吃""住""行"的一半。硬性消费占主体，软性消费不足，国际旅客在华消费结构有待改善与优化，中国旅游市场亟须创新发展模式，吸引境外高收入、高消费能力的游客入境消费。

表 1　2015～2018 年中国国际旅游外汇收入统计

单位：亿美元

年份	2015	2016	2017	2018
国际旅游外汇收入	1136.5	1200	1234.17	1271.03

资料来源：国家统计局。

（三）中国旅游服务贸易逆差严重

根据商务部统计数据可得出，2009～2018 年，中国旅游服务贸易总额显著提升，2014 年以来其对我国服务贸易的贡献率稳定在 40% 左右，2016

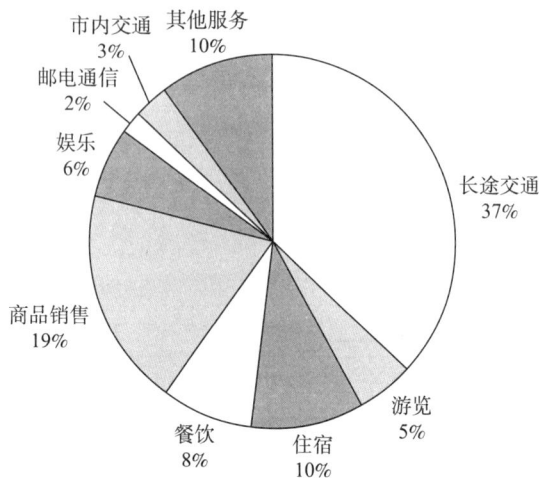

图 6　2017 年中国国际旅游外汇收入统计

资料来源：国家统计局。

年更是达到 46%（见图 7）。2018 年，中国旅游服务贸易总额为 3163 亿美元，居各类服务贸易进出口之首。但与此同时中国旅游服务贸易逆差自 2009 年起急剧上升，自 2014 年起旅游服务进出口逆差始终占据服务贸易进出口总逆差的 85% 以上，2018 年中国服务贸易逆差高达 2582 亿美元，其中旅游服务贸易逆差达到 2373.8 亿美元，是中国服务贸易逆差的主要来源，占整体服务贸易逆差的 92%（见图 8）。

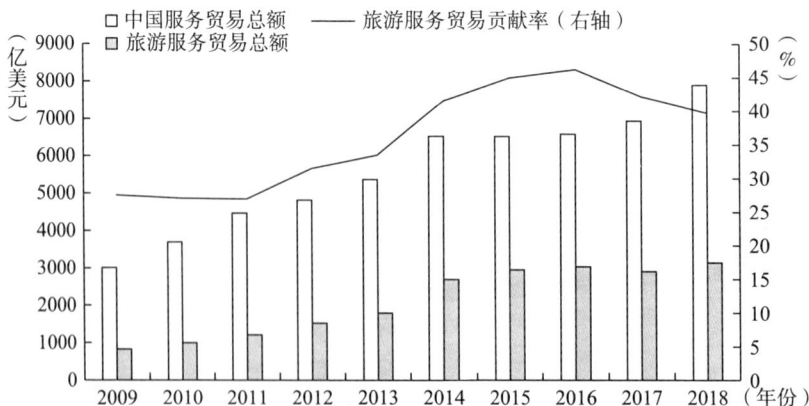

图 7　2009～2018 年中国服务贸易及旅游服务贸易总额统计

资料来源：商务部公共商务信息服务。

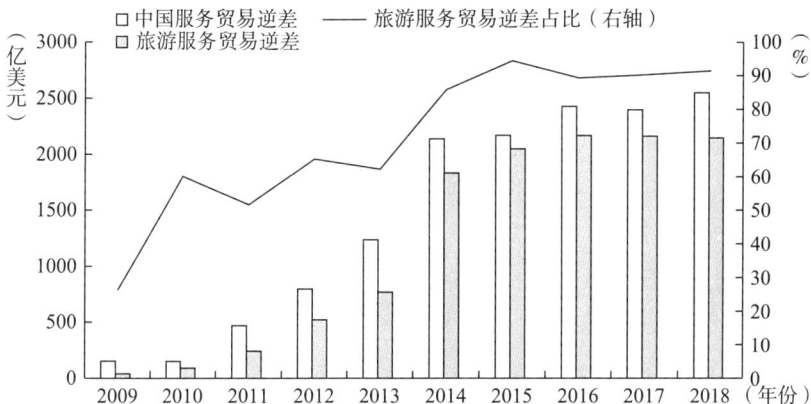

图8　2009～2018年中国服务贸易及旅游服务贸易逆差统计

资料来源：商务部公共商务信息服务。

相较于我国旅游服务贸易进口及总额占比的稳步提升，中国旅游服务贸易出口长期滞后，这与中国近年来综合国力稳步快速发展的现实极不相称。从图9可以看出，1991年之前中国旅游服务贸易出口对世界旅游服务贸易出口的贡献率一直在1%以内，几乎可忽略不计，1992以后在平稳相持中略有波动，在2008年以后开始呈现下降趋势，2016年对世界旅游服务贸易出口的贡献率为3.69%，而这期间我国旅游服务贸易进口贡献率及总额贡献率反而大幅度上升，2016年进口贡献率达21.81%。

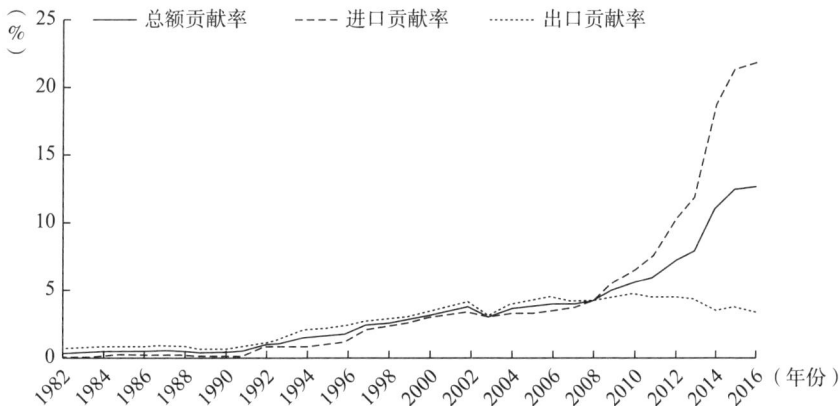

图9　1982～2016年中国旅游服务贸易对世界旅游服务贸易贡献率

资料来源：世界贸易组织数据库（WTO STATISTICS）。

（四） 入境旅游消费供给能力不足

入境旅游市场的发展需要极大的对外开放性，而中国旅游服务贸易尤其是旅游服务出口国际竞争力还处于中低水平，在国际市场当中面临着极大的挑战。因此，亟须以高质量的市场供给吸引旅游入境消费。但旅游入境消费供给能力仍存在极大的不足，主要体现在缺乏国际化、特色化的旅游产品，缺乏高水平、高质量的旅游服务以及缺乏具备国际竞争力的旅游市场主体和具有国际认知度的旅游品牌上。

中国旅游产品多属于资源依赖型产品，旅游产品以资源初级呈现为主，在将其加工、利用、改造成为高附加值国际化的旅游产品和服务方面存在很大不足。旅游产品设计缺乏国际化视野，品质有待提升，针对性、外向型不强，尤其是所提供的产品及服务并不能满足入境消费者的需求。旅游入境消费是将旅游产品与服务直接作用于消费者的过程。随着旅游的不断发展和进步，入境消费者的品牌意识不断增强。然而我国虽然是旅游文化资源大国，但是旅游产品及服务的供给缺乏品牌意识，国际化旅游品牌更是凤毛麟角。旅游服务能力不足、国际化水平较低、品质不高等都是长期制约我国旅游入境消费的主要问题。

具备国际竞争力的旅游市场主体缺乏。以 2007～2016 年中国旅行社及星级饭店为例，十年间旅行社数量不断上升，星级饭店数量总体呈减少趋势（见图 10）。虽然旅行社数量不断增加，但入境消费的国际游客数量却没有显著增加，相反出境游客量及国内旅游游客数量在不断上升。据 2007～2016 年中国旅游业统计公报数据统计，2007～2016 年十年间中国旅行社招徕及经旅行社接待的入境游客数量平稳、无大幅波动（见图 11）。这一方面反映了近些年中国境内有愿望及有能力出境旅游的人民日益增多，出境游热度持续增长，另一方面也反映了旅游市场主体面向的主要还是国内消费者及出境旅游业务，国际市场深耕不足，外向型缺失，将国际游客"引进来"这一方面仍有所欠缺。

三 "旅游+"新业态促进中国旅游入境消费升级

对于世界第二大经济体、"一带一路"倡议的提出国、逐渐接近世界

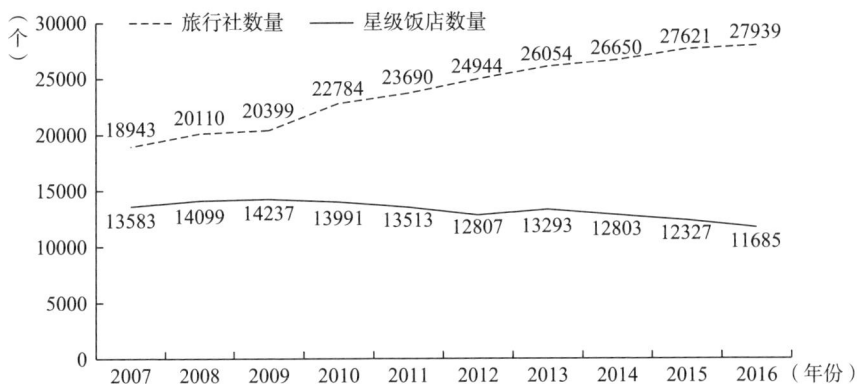

图 10　2007～2016 年中国旅行社数量及星级饭店数量统计

资料来源：国家统计局。

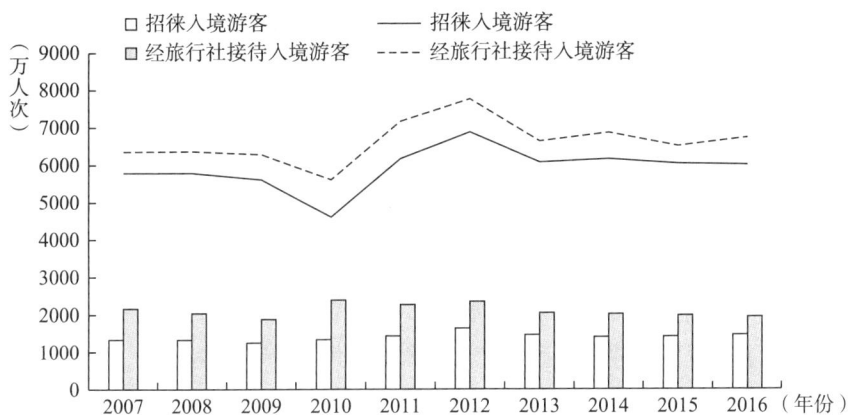

图 11　2007～2016 年中国旅行社招徕入境游客及接待入境游客数量统计

资料来源：相关年份的中国旅游业统计公报。

舞台中央的中国而言，其综合实力的发展、硬实力的全面提升在全世界有目共睹，而长久以来在软实力方面的短板也不容忽视。在文化和旅游深度融合、全面开放的时代背景下，应催生"旅游＋"新业态，以文化为灵魂，以旅游为渠道，以市场为纽带，促进中国旅游入境消费升级，丰富旅游入境消费的层次，提升旅游入境消费的广度，提升旅游入境消费服务的质量，做好"旅游＋"的提质增效，吸引旅游入境消费人群，培育旅游入境消费市场，建设旅游消费生态，通过创新发展中国旅游入境消费模式，实现我国旅游产业和文化产业的升级，从而推动中华文化的有效传播。

（一） 深研境外消费者需求，提升境外消费主体获得感

推动旅游出口就要明确目标群体，精准定位，深研国际旅游消费需求，一方面持续夯实亚洲旅游入境消费基础，另一方面深入拓展欧美市场，进一步激发共建"一带一路"国家人民到中国旅游的愿望。其重中之重是了解潜在市场的真实需求，引导旅游入境和激发旅游入境，其核心是设计出有中国特色、有时代气息、有丰富选择的旅游产品与服务。让入境游客深刻感受新中国 70 多年的伟大成就、体会改革开放 40 多年的创新发展以及中国人民的文化自信，创造珍贵而难忘的"中国时间"。同时重视在华工作、学习、生活的外籍人士，将其转化为中华文化传播的主体力量。从"吃、住、行、游、购、娱"六大旅游要素着手，将中国特色文化元素融入旅游，提升旅游产品及服务附加值，保持旅游产品及服务的吸引力与活力，创新发展"旅游＋"多模式旅游主题，充分满足境外消费者多元需求，激发境外消费主体对中国文化的兴趣和好奇，吸引入境旅游，延长入境时间，使消费者"把中华文化带回家"，最大限度地提升消费者的获得感和愉悦感。

（二） 创新性延伸旅游产业链，扩大境外消费的延展效应

旅游入境消费模式应充分考虑旅游产品及服务特色化延伸，结合有效国际化营销模式，"讲好中国故事"，推动中国旅游产业国际化发展。进一步创新性延展旅游产业链，在旅游规划开发与产品生产等环节与时俱进，在销售与消费等环节特色化规划，能动性引领。中国旅游文化资源丰富而深厚，但普遍缺乏创造性转化、创新性发展。四川自贡是世界上唯一发现侏罗纪时代恐龙化石的集中地，恐龙化石发现和研究历史悠久、科研成果丰硕，恐龙是国际化程度极高的话题，具有强大的粉丝效应，但自贡这个"恐龙之乡"却鲜为人知。充分利用自身的学术价值优势，发展"旅游＋科学探索"新模式，吸引境外恐龙粉丝群体，扩大境外消费的延展效应，以"国际研学""国际宿营"等活动推动形成自贡特色研学游新业态，必将会带动自贡的区域发展、产业升级和城市转型。

（三） 提升旅游产品与服务品质，增强"中国旅游"口碑效应

旅游入境消费，消费的不仅是现实性可交易的产品与服务，还有贯穿整个消费过程的消费体验感，强调的是人与人之间的交流与沟通。境外游客入境消费，是与中国智慧对话，与中国经验对接，与中国成就互动的过程。中国旅游产品与服务提供者要增加旅游产品及服务的设计投入，以"旅游＋创意中国""旅游＋数字中国""旅游＋艺术中国"等具有强烈时代感的高品质产品，配以中国丰富而独特的礼仪规制并形成有效联动，推动中国旅游服务精细化、精准化、特色化，提升游客入境消费体验感，增强"中国旅游"口碑效应，构建具有国际认知度的中国特色旅游产品、旅游服务品牌，带动旅游入境消费可持续发展。

（四）倒逼文化和旅游的深度融合，实现文化产业和旅游产业的高质量发展

文化和旅游深度融合全面开放成为新时代全新的政治建设、文化建设、经济和社会建设的实践命题，文化需求是旅游活动的重要动因，文化资源是旅游发展的核心资源，文化创意是提升旅游产品质量的重要途径，文化的生产、传播和消费与旅游活动密切相关。上海时空之旅，从2005年发展以来，作为成功的旅游入境消费模式，以"旅游＋演艺"的驻场演出带动了区域发展和产业提升，对上海的旅游市场产生了极大影响，其经验值得格外关注及推广。在经济全球化迅速发展的背景下，旅游出口更需要注重创新消费模式和业态多元化，在开放中推动消费业态与消费模式创新，催生"旅游＋"产业融合新业态，促进旅游入境消费升级，倒逼文化和旅游的深度融合，形成既富含中国文化特色，又具有高度识别性、独特性的国际化品牌，实现旅游产业和文化产业的高质量发展。

参考文献

房玲玲：《我国旅游服务贸易国际竞争力的相关探究》，《纳税》2019年第15期。

孙云鹏：《"互联网＋"对我国出境旅游服务贸易的影响研究》，《科技经济导刊》2019年第11期。

田纪鹏：《国内外旅游服务贸易逆差研究前沿与展望》，《旅游学刊》2019年第1期。

施张新：《我国国际旅游服务贸易的发展趋势及对策建议》，《旅游纵览》（下半月）2018 年第 11 期。

耿献辉、张武超：《我国旅游服务贸易国际竞争力及其影响因素分析》，《价格月刊》2018 年第 10 期。

李滢澄怡：《浅析迪士尼主题乐园的营销策略——基于全球化营销与本土化营销融合的视角》，《湖北经济学院学报》（人文社会科学版）2018 年第 10 期。

李志伟、赵志峰：《中国旅游服务贸易国际竞争力影响因素实证研究——基于灰色关联度模型》，《商业经济研究》2018 年第 16 期。

李志伟、赵志峰、陈才：《中国旅游服务贸易国际竞争力指数比较——基于进出口数据的实证分析》，《价格月刊》2018 年第 8 期。

李振亭、徐雨利：《论基于旅游满足的旅游世界构建问题》，《陕西师范大学学报》（哲学社会科学版）2019 年第 5 期。

张苗荧：《以品牌化提升旅游服务品质》，《中国旅游报》2018 年 4 月 2 日，第 3 版。

梁雯：《我国旅游服务贸易的逆差问题与对策》，《改革与战略》2017 年第 9 期。

王家丽：《浅析旅游品牌建设的重要性》，《农家参谋》2017 年第 18 期。

刘汉、宋海岩、王永莲：《入境旅游人数、收入与我国经济增长——基于混频 Granger 因果关系检验的实证研究》，《经济管理》2016 年第 9 期。

李小牧、宋玮玮：《中国旅游服务贸易收支影响因素的实证分析》，《生产力研究》2008 年第 23 期。

"一带一路"背景下中国语言服务企业
国际化发展：现状、问题与对策[*]

"一带一路"背景下中国语言服务企业国际化发展：现状、问题与对策[*]

王海文　吕俊松[**]

摘　要："一带一路"倡议为我国的语言服务业带来了巨大的发展机遇。近几年我国语言服务业取得了显著的进步，语言服务企业发展迅速。为了进一步促进我国语言服务企业的国际化发展，本文首先总结了我国语言服务企业国际化发展现状，同时分析了企业存在的语言服务质量较低、信息技术应用不足、语言服务同质化等问题，最后针对问题提出了建立语言服务质量保证体系、注重优势领域的语言服务、建立语言大数据平台、采用多元化的人才培养模式的发展对策。

关键词：语言服务企业　企业国际化　服务贸易

一　引言

随着"一带一路"倡议的推进和我国经济结构的转型，为了使我国经济持续健康地发展，我国大力提升服务业在国民经济中的比重，推动服务业和服务贸易的发展，出台了一系列支持政策。2015 年国务院发布了《关

［*］　本文为北京第二外国语学院语言资源高精尖创新中心"'一带一路'语言资源商业挖掘及版权贸易发展研究"项目研究成果。

［**］　王海文，北京第二外国语学院教授、经济学院副院长，首都国际服务贸易与文化贸易研究基地秘书长，主要研究领域为国际文化贸易、服务贸易等；吕俊松，北京第二外国语学院国际文化贸易专业 2018 级硕士研究生。

于加快发展服务贸易的若干意见》，2018 年商务部、财政部、海关总署共同发布《服务外包产业重点发展领域指导目录（2018 年版）》等，旨在扩大开放、拓展发展空间。而语言服务业是服务业的重要组成部分，已成为全球化时代经济、政治、文化各领域交流与发展的基础性支持产业。全球语言服务产业一直持续增长，我国是全球语言服务市场增长最快的地区。我国语言服务企业在"一带一路"倡议的背景下积极开拓国际市场，拓展全球业务，利用 AI、大数据、语音识别、区块链技术取得了亮眼的成绩。但同时应该看到，模式创新与技术融合使语言服务行业竞争更为激烈，而我国语言服务企业在国际语言服务市场上的竞争力不足，企业自身存在的一些问题阻碍了企业的进一步发展。如何解决全球化时代和"一带一路"倡议背景下我国语言服务企业存在的问题，提升企业国际竞争力成为必须面对的重要课题。

二 中国语言服务企业国际化发展现状

（一）中译外业务量迅速增加

在进一步扩大开放和"一带一路"倡议背景下，企业迈向国际化的愿望增强，赴海外投资步伐逐渐加快，在此过程中，必然少不了语言服务企业的介入，我国语言服务企业的中译外业务量迅速增加，特别是在工作量上，中译外的需求远远大于外译中。如今语言服务企业中译外业务所涉及的行业包括旅游、医疗、金融、科技、教育、制造、法律、机械、IT、化工等。所涉及的领域包括经贸关系、进出口商品检验检疫、海关通关、货物运输交付、投资、税收、劳动就业、环境保护、反商业贿赂、工程承包、知识产权、商务纠纷等。另外，随着中国在世界舞台上扮演的角色越来越重要，很多国际活动、会议、论坛等在中国举办，世界各地越来越多的人来到中国，语言服务需求大大增加。

（二）语言服务企业规模普遍较小

在我国语言服务企业迈向国际化的同时，应看到语言服务企业的规模偏小，与国际上优秀的语言服务企业规模相比存在不小的差距。截至 2018 年 6 月底，在国家市场监督管理总局登记的经营范围包括语言服务的企业数量增加到 320874 家，以语言服务为主营业务的企业达 9652 家。[①] 主营语言服务的企业情况见表 1。

表 1　2018 年 6 月主营语言服务的企业情况

单位：家，%

注册规模	主营语言服务的企业数量	占比
小于等于 10 万元	3617	37.47
10 万元至 50 万元	1927	19.96
50 万元至 100 万元	1996	20.68
100 万元至 500 万元	1456	15.08
500 万元至 1000 万元	454	4.70
1000 万元至 5000 万元	173	1.79
5000 万元至 10000 万元	18	0.19
大于 10000 万元	11	0.11
总计	9652	100.00

资料来源：国家市场监督管理总局。

可以看到，超过 1/3 的语言服务企业注册规模小于等于 10 万元，注册规模小于等于 100 万元的企业占比将近 80%，这说明我国主营语言服务的企业规模普遍较小。中大型语言服务企业数量较少，特别是注册规模超过 1000 万元的大型语言服务企业占比不超过 3%。未来随着企业国际化的进程加快，要想在国际语言服务市场上取得话语权，还需要培养更多的大型语言服务企业。

（三）小语种服务市场进一步开拓

"一带一路"倡议的提出使我国与共建"一带一路"国家的贸易合作潜力不断释放，成为拉动我国外贸发展的新动力。对外贸易方面，商务部发布的《中国对外贸易形势报告（2019 年春季）》指出，2018 年我国对共建"一带一路"国家进出口增长 13.3%。对外投资方面，2018 年，我国企业在共建"一带一路"国家中对 56 个国家非金融类直接投资 156.4 亿美元，同比增长 8.9%，占同期总额的 13%，主要投向新加坡、老挝、越

[①]　国家市场监督管理总局网站，http://www.samr.gov.cn。

南、印度尼西亚、巴基斯坦、马来西亚、俄罗斯、柬埔寨、泰国和阿联酋等国家。① 其中东南亚地区是中国在共建"一带一路"地区最大的服务贸易伙伴，西亚北非地区国家与中国服务贸易往来发展势头强劲。我国语言服务企业不同语种的人才数量正在快速扩张，增速最快的是共建"一带一路"国家语种。但目前我国小语种服务人才仍然处于供不应求的状态，我国企业与小语种国家企业贸易往来时往往面临翻译人员难找、价格偏高的局面。目前我国的外语类院校小语种人才培养数量较少，不能满足日益增加的市场需求。

（四）语言服务需求类型逐步多元化

过去的语言服务需求类型以口译和笔译为主，随着"一带一路"倡议的推进，我国与共建"一带一路"国家经济合作的全方位展开和数字化时代的来临，语言服务需求类型也逐步多元化。语言服务人才培训、软件开发、本地化服务、文档排版、字幕和配音等语言服务需求逐步涌现。具体来说，当前企业涉及对外业务时对语言服务人才的需求较大，语言服务人才的缺乏催生了语言服务人才培训的需求以及其他语言服务需求；一款受不同国家人民欢迎的手机软件、游戏等也需要在内部设置不同的语言系统以满足各地人民的需要；企业在海外投资设厂时，为了更好地融入当地市场，经常出现本地化发展，需要各个方面的本地化语言服务。除此之外，对语种的需求也更加多元化，以往的语言服务以英语为主，现在对语种的需求除了英语之外，还包括日语、法语、德语、俄语、西班牙语、阿拉伯语等。

（五）语言服务模式不断变革

随着语言服务业的发展，新的语言服务模式不断涌现。对于企业而言，合作服务正在逐步兴起，跨行业融合程度逐步深入。各国译员都有别国译员难以超越的母语优势，而高端客户对语言服务的质量要求很高，这就促使不同国家和地区的语言服务机构相互协作，共同寻求效率最高、质量最好的解决方案。如一本著作的翻译，本国译员翻译完成后再交付别国

---

① 《2018 年 1～12 月我对共建"一带一路"国家投资合作情况》，"走出去"公共服务平台，2019 年 1 月 22 日，http://fec.mofcom.gov.cn/article/fwydyl/tjsj/201901/20190102829089.shtml。

语言服务机构译员审阅，最终翻译出作者最想要传达的意义。另一种比较新颖的模式叫众包。众包指的是一个公司或机构把过去由员工执行的工作任务，以自由自愿的形式外包给非特定的（而且通常是大型的）大众志愿者的做法。[①] 一项翻译任务通过众包给网友的形式，能够迅速完成，大大提升了效率。译言、东西网、果壳网等社区媒体网站是此类众包服务的典型代表。对于个体语言服务提供者而言，服务模式也逐渐发生变化。例如，同声传译人员不用到达现场，利用信息技术提供远程视频或音频口译服务，大大减少了交通成本和住宿成本。

（六）企业语言服务逐步一体化

传统的语言服务大多只是停留在文稿翻译的可信度层面，只要翻译内容正确，交易就算完成。如今的客户需求已发生巨大的变化，客户不再满足于简单的笔译或者口译服务，而是希望语言服务供应商能够提供更加全面的语言服务方案，满足个性化需求。比如，著作的翻译，客户不仅需要语言服务供应商将文字内容翻译正确，还需要完成编辑、排版、印刷、出版一系列完整的流程，即达到语言服务的"一体化"。客户不希望将这一系列的流程分给好几个服务供应商完成，因为这既会提高成本，又会降低效率。另外，为了满足客户的个性化需求，供应商需要为每一个客户设计特定的方案。比如，在口译中，译员会根据客户的语速、说话的方式来进行翻译工作。译员的工作很多时候不仅仅是翻译，有些时候译员还会扮演助手的角色，这也体现了如今语言服务一体化的特征。

三 目前中国语言服务企业国际化发展存在的问题

虽然目前我国语言服务业发展较快，服务模式也随着科技的发展不断创新，但我国语言服务企业与国际大型语言服务企业相比依然存在不小的差距。

（一）专业知识不足导致语言服务质量较低

服务质量是语言服务业的核心，但目前我国语言服务企业提供的语言

---

① 在美国《连线》杂志 2006 年的 6 月刊上，记者 Jeff Howe 首次提出了"众包"的概念。

服务质量有待提高。语言服务绝不仅仅是字词的一一对应，语言服务提供者首先要对语言文化有基本的了解。对于专业领域的语言服务，语言服务提供者只有具备专业领域的知识积累，才能提供优质的语言服务。例如，承接生物医学领域的语言服务人员需要在前期做大量的准备，特别是医学领域的专有名词，这些专有名词在平常的语言学习中是很难见到的。目前很多语言服务企业译员并不具备过硬的专业知识背景。我国语言服务市场存在大量小规模语言服务企业，部分企业的语言服务质量波动较大。造成语言服务质量不能得到保证的最主要的原因就是专业知识的不足。一方面，某些小语种的语言服务人员稀缺，并且现有小语种语言服务人员自身的语言知识储备不足，在某些口译场合出现翻译不流畅的状况；另一方面，由于目前语言服务市场缺乏行业准入和评估机制，有大量不具备相关资质和能力的人员和企业进入语言服务业，导致无论是笔译还是口译都不能提供高质量的语言服务。语言服务质量较低成为部分语言服务企业发展的最大障碍。

（二）多数语言服务企业信息技术应用不足

在数字化时代，语言服务业正在逐步告别传统增长模式，创新驱动将成为发展的动力之源。语言服务效率的大幅提高在于信息技术的应用，云计算、大数据、人工智能等新技术正在大力冲击语言服务业，纯手工服务的方式已经不能满足信息数据激增的需求。如今语言服务的信息技术不断创新，有有道、谷歌等在线翻译软件，也有更加专业的 Transmate、Trados 等计算机辅助翻译工具（CAT），CAT 技术的核心就是翻译记忆技术，译者在进行翻译工作的同时，翻译记忆库在后台不断学习和自动储存新的译文，建立语言数据库，能够帮助译者优质、高效、轻松地完成翻译工作。目前国际大型语言服务企业如 Lionbridge、Transperfect、SDL 等的语言服务都已高度信息技术化。而调查数据显示，我国超过一半的小规模语言服务企业没有使用 CAT 工具，表明目前我国多数语言服务企业还处于纯人工或半人工服务阶段，这影响语言服务的效率，拉低了企业的核心竞争力。

（三）语言服务严重同质化

虽然目前我国语言服务市场有大量的语言服务企业，但是提供的语言服务存在严重的同质化现象，多数语言服务企业提供的服务大同小异，可替代性强。主营英语服务的企业就有几千家，这导致一方面英语服务供给过剩且服务同质化，激烈的市场竞争容易压低价格，企业利润降低导致生存困难，另一方面其他语种的服务需求过剩，如需求上升很快的阿拉伯语、东南亚语言服务市场供给不足。未来共建"一带一路"国家的语种需求将更加多元化，更加差异化的语种服务亟待发展。就行业而言，文化旅游类的语言服务供大于求，而旅游景点的翻译内容相同，几乎不存在特殊的、差异化的语言服务，主营文化旅游业务的语言服务企业或机构存在恶性竞争。而其他行业，如知识产权、生物化学等领域的语言服务人员短缺，服务同质化导致语言服务市场结构扭曲。

（四）缺乏高素质的中译外人才

虽然目前全国开设翻译专业硕士的院校超过 200 所，但是仍然不能满足"一带一路"倡议下语言服务市场的人才需求：中欧班列、中巴经济走廊、匈塞铁路、中缅油气管道项目、希腊比雷埃夫斯港、赞比亚中国经济贸易合作区等。随着"一带一路"建设的快速推进，语言服务人才需求呈井喷态势，但是高层次翻译人才特别是中译外高端人才的短缺不仅成为阻碍我国语言服务企业进一步发展的重要原因，也成为"一带一路"倡议进一步推动和我国经济文化"走出去"的瓶颈之一。众所周知，中华文化博大精深，中文则是我国文化的载体，学过翻译的都知道，中文的复杂多样性导致中译外的难度大于外译中的难度。我国语言服务市场有大量优秀的外译中译员，相比较之下高素质的中译外人才十分缺乏。除此之外，国内语言服务市场中外译外的语言服务人才几乎没有，如俄语翻法语。

四 "一带一路" 背景下中国语言服务企业国际化发展的对策

语言服务作为国际贸易得以顺利开展的前提和重要环节，是提升我国贸易国际化水平的一项基础性服务。目前商务部正在探索制订关于语言服务业的促进政策，把翻译、配音作为扩大文化出口、提升文化产业发展水平的重要突破口，在财政、税收、金融、人才培养等方面予以重点支持。

本文主要着眼于我国语言服务企业层面，结合前文总结分析的我国语言服务企业国际化发展现状与存在的问题，为"一带一路"背景下我国语言服务企业的国际化发展提出以下对策建议。

（一）建立语言服务质量保证体系

在语言服务企业的服务质量得不到保证的情况下，建立语言服务质量保证体系就十分必要。首先，政府相关部门应制定行业发展规划和行业标准、设定行业准入门槛，尽快剔除语言服务市场中达不到资质要求的企业和人员，提升语言服务的整体水平。政府可以联合相关语言服务社会机构建立语言服务企业市场评估机制，定期对语言服务企业的综合服务水平进行评估，制定适当的奖励制度以激励企业提升服务水平。其次，语言服务企业应建立起服务质量保证体系，取得国内和国外市场上体现企业质量的资质认证，如 CMM（软件质量体系认证）、ISO 9001（质量管理体系认证）、六西格玛（品质管理认证）、ISO 27001（信息安全管理体系认证）等。未来政府主管部门或相关语言协会还可以设置专门体现语言服务质量的资质认证，促进语言服务企业的高质量发展。

（二）注重优势领域的语言服务

前文提到，目前多数语言服务企业服务同质化，每一个方面的语言服务都有涉及，但大多方面不精，导致语言服务质量水平不高。企业想要从竞争激烈的语言服务市场脱颖而出，就必须走"细而精"的道路，即语言服务应精于某些优势领域。在"一带一路"的背景下，"细而精"的道路尤为重要，因为每一个共建"一带一路"国家都可以发展成重要的海外语言服务市场。一方面，语言服务企业应精于某些语言服务类型。现在语言服务需求类型不再仅限于笔译和口译，文案写作、文档排版、本地化、字幕与配音等语言服务类型均有快速发展，加之目前大多数语言服务企业规模小，所以语言服务企业应专攻某一种或两种类型。另一方面，语言服务企业应精于某些专业领域。译员对专业领域的知识储备不够就会导致服务质量欠缺，与其这样不如深耕细分行业，如某一语言服务企业专门提供专利的翻译服务。只有走"细而精"的道路才能使企业实现差异化发展，进而提供更优质的语言服务。

（三）建立语言大数据平台

在数字化时代，对大数据的利用是企业转型升级的重要手段，对于资源如此丰富的语言服务企业尤为如此。大数据平台是当代信息技术的一种，是为了计算现今社会所产生的越来越大的数据量，以存储、运算、展现为目的的平台。随着"一带一路"的推进，共建"一带一路"国家上百种语言资源亟待采集利用，建立大数据平台可以将共建"一带一路"国家的相关数据分类处理，利用计算机辅助翻译工具，自动将多语种信息翻译成目标语种。如开发基于大数据的手机 App，当外国游客到中国旅游时，可以下载景区专有 App，该 App 可立刻为游客用母语讲解，游客可通过文字、声音、动画、影像和游戏等多媒体智能方式获取旅游文化知识以及人工即时呼叫服务。又如对于视频翻译，大数据平台通过语音识别等功能直接将视频翻译成所需语种。另外，建立语言大数据平台，通过注册译员的方式将世界各地分散的语言服务资源汇集起来，拓宽服务范围领域，包括装备制造、影视传媒、跨境电商、文化旅游等，再配套相应的硬件设施，客户通过平台选择人工语言服务时可以选择当地译员为其服务，直接在线上传稿件及交易，可大大降低成本，提高效率。

（四）采用多元化的人才培养模式

针对语言服务市场高素质人才缺乏的现象，语言服务企业应加深与各大高校的合作，采用多元化的人才培养模式，进一步加深产学研一体化，培养出集外语、专业知识和信息化技能于一体的复合型语言服务人才。首先，培养课程的设置可以由企业和高校协商之后决定，更多地开设共建"一带一路"国家小语种课堂，只有这样才能使教学内容更具针对性和职业性，真正为当前的市场培养应用型人才。其次，加强语言专业学生"干中学"，即语言服务企业与高校合作，将更多的学生安排到具体的工作岗位上实习，一边上学一边工作，将学生安排到不同的岗位也有利于学生树立职业目标。有实力的语言服务企业可以更多地开展本企业译员与东道国译员的交流培训活动，使本企业译员能够更加了解东道国人民的语言习惯，提供更令人舒服的语言服务。

参考文献

李娜、万克夫：《我国翻译服务产业发展现状调查与分析》，《商讯》2019 年第
    11 期。

汪杨果儿：《全球化背景下多领域语言服务行业发展现状及其对我国对外文化贸易
    的影响》，《经贸实践》2017 年第 22 期。

王婧：《中国承接国际语言服务外包策略研究》，硕士学位论文，对外经济贸易大
    学，2016。

杨荣华、赵冲：《对外贸易领域中的语言服务问题研究：以化妆品出口为例》，
    《江苏外语教学研究》2014 年第 4 期。

郭晓勇：《中国语言服务业的机遇和挑战》，《中国翻译》2014 年第 1 期。

谢天振：《切实重视文化贸易中的语言服务》，《东方翻译》2013 年第 2 期。

张香宇：《对外语言服务与中国旅游的"世界化"》，《外文研究》2018 年第 3 期。

安宇、邓建华：《"一带一路"背景下基于 SCP 范式的中国语言服务产业分析》，
    《湖北经济学院学报》（人文社会科学版）2018 年第 4 期。

白秀敏：《跨境电子商务语言服务体系建设的微观探讨》，《对外经贸》2018 年第
    3 期。

许丽丽、刘海娜、李想：《企业需求导向下语言服务人才的培养——以小语种为
    例》，《学周刊》2019 年第 16 期。

中国对外文化投资发展策略研究

孙俊新*

摘　要：近年来，得益于政府政策引导和文化"走出去"的蓬勃发展，对外文化投资呈现一些新的特点：投资规模在波动中逐步趋稳、政策张弛有度遏制非理性投资、民营企业特别是大型互联网企业表现亮眼。随着投资回归理性，有必要总结经验教训，重新审视对外文化投资的意义和作用，分析其影响因素，探求其发展遇到的挑战和困境，并提出解决对策。本文认为，文化领域的扩大开放和投资的便利化是大势所趋，为此对外文化投资有必要遵循市场规律，以企业为主体开拓海外市场，大胆推进政策创新并谨慎推广，通过文化领域的对内开放带动文化的对外投资，协调推进文化和制造业及现代服务业的融合发展，共同实现中华文化的有效"走出去"。

关键词：对外文化投资　文化"走出去"　文化品牌

在经历了 2016 年以来的引导和规范后，对外文化投资日渐回归理性，站在当前的时点，有必要重新审视对外文化投资的发展，探寻其未来发展前景，本文拟对此展开分析。

一　近年来中国对外文化投资的突出特点

投资规模在波动中逐步趋稳。2014 年，国务院发布《关于加快发展对

---

* 孙俊新，北京第二外国语学院经济学院副教授，首都国际服务贸易与文化贸易研究基地研究员，博士，主要研究领域为国际贸易与投资、国际文化贸易与投资。

外文化贸易的意见》，带来了 2015 年、2016 年对外文化投资规模的高速增长。2015 年中国文化、体育和娱乐业对外投资流量、存量分别同比增长 70%、51%，2016 年对外投资流量、存量分别同比增长 55%、59%①，并在 2016 年达到对外文化投资流量的历史最高点。高速增长也带来一系列问题，如投资缺乏系统规划、严重偏离企业主业，盲目投资重复投资现象频现，投资后经营管理不善引发亏损等。为此，从 2016 年底开始，国家发改委、商务部、中国人民银行、外交部从项目审批、外汇监管等方面共同对文化领域的投资实施了引导和规范。受此影响，2017 年对外文化投资规模急剧下降。2018 年投资自低位反弹，增速达 79.8%，全年投资规模为 16.9 亿美元②，接近 2016 年峰值的一半。

严格的监管有效遏制了非理性投资。国家发改委发布的《境外投资敏感行业目录（2018 年版）》将新闻传媒列入敏感行业目录③，且根据《国务院办公厅转发国家发展改革委 商务部 人民银行 外交部关于进一步引导和规范境外投资方向指导意见的通知》（简称《通知》），影城、娱乐业、体育俱乐部也属限制开展境外投资的行业。④ 值得注意的是，《通知》将有序的文化领域的境外投资列入鼓励开展的行列，形成对无序投资规范与对有序投资鼓励并行的政策环境。由此对外文化投资结构不断优化，2018 年至 2020 年体育和娱乐业对外投资没有新增项目。⑤

多种所有制企业竞相出海，大型互联网企业表现亮眼。近年来，国内文化市场的蓬勃发展培育了颇具实力的文化公司，民营企业在其中的表现

---

① 笔者根据《2017 中国对外直接投资统计公报》的数据计算而来。
② 《划重点！2018 年我国文化贸易成绩单！》，商务微新闻，2019 年 3 月 14 日，http://dy.163.com/v2/article/detail/EA8DLOKK051484K7.html。
③ 《国家发展改革委关于发布境外投资敏感行业目录（2018 年版）的通知》，国家发改委网，2018 年 1 月 31 日，http://www.ndrc.gov.cn/gzdt/201802/t20180211_877288.html。
④ 《国务院办公厅转发国家发展改革委商务部人民银行外交部关于进一步引导和规范境外投资方向指导意见的通知》，中国政府网，2017 年 8 月 4 日，http://www.gov.cn/zhengce/content/2017-08/18/content_5218665.htm。
⑤ 《商务部对外投资和经济合作司负责人谈 2019 年 1—7 月我国对外投资合作有关情况》，商务部网，2019 年 8 月 15 日，http://www.mofcom.gov.cn/article/ae/sjjd/201908/20190802890962.shtml；《商务部对外投资和经济合作司负责人谈 2018 年 1—11 月我国对外投资合作情况》，商务部网，2018 年 12 月 18 日，http://www.mofcom.gov.cn/article/i/jyjl/j/201812/20181202817803.shtml。

尤其可圈可点。以 2009~2016 年入选的"国家文化出口重点企业"名单为例，国有企业占比从最初的 40.2% 下降到 29.5%，民营企业占比从最初的 25.4% 上升到 57.4%，从中涌现出四达时代、蓝色光标、华江文化等一批优秀的民营海外文化投资企业，对外投资覆盖图书出版、广播影视、动漫网游、艺术设计、演艺旅游等核心文化领域。很多海外投资项目是大型互联网企业主导的。以腾讯为例，公司资金实力雄厚，热衷于海外投资，2018 年对外投资额超过了其全年净利润。[1] 游戏是腾讯最主要的海外投资领域，2018 年游戏领域海外投资额超过 100 亿元[2]，遍布亚洲、欧洲、大洋洲和北美洲等。文化传媒领域是腾讯海外投资的第二大领域，占比达 12%，涉及音乐、传媒、数字经济等业务板块，而如果考虑到腾讯投资国内文化企业而间接涉及的海外投资，其投资比重将更高。[3]

二 重新审视对外文化投资的意义和作用

对外文化投资是文化企业国际化的必然结果，有利于深度开拓当地文化市场，打造国际品牌。按照生产折中理论，企业国际化有许可证贸易、出口、对外投资三种方式，三种方式对企业的要求依次提高，因此一般企业国际化会遵循上述演进过程。企业开展国际化不仅可以绕开现行国际规则中文化贸易的关税和非关税壁垒，深度开拓海外市场，而且可以在同当地市场的深度接触中精准把握市场行情，综合运用国际、国内两种资源，开发适合当地市场的产品。只有通过对外文化交流、贸易、投资等方式，才能真正打造具有竞争力的外向型市场主体，形成具有核心竞争优势的文化产品和服务，打造获得国际认可的文化品牌。

对外文化投资是对外文化贸易的升级版，不断丰富着文化产品和服务

---

① 《腾讯 2018 年投资总额高达千亿 一文详解其海外投了哪些企业有何布局》，2019 年 4 月 2 日，https://mp.weixin.qq.com/s/Ca1steh-fbviGBbIFfPEPA。

② 网游圈里的那些事：《腾讯全年对外游戏投资 210 亿元，超 2018 年全球游戏公司投资额一半》，搜狐网，2019 年 2 月 1 日，http://www.sohu.com/a/292790772_353276。

③ 《腾讯 2018 年投资总额高达千亿 一文详解其海外投了哪些企业有何布局》，2019 年 4 月 2 日，https://mp.weixin.qq.com/s/Ca1steh-fbviGBbIFfPEPA。

走进国际市场的渠道。党的十九大报告提出，要创新对外投资方式。近年来，海外文化投资项目的落地无不带动了中国文化产品和服务走进国际市场。天创国际收购美国白宫剧院后带动中国原创舞台剧《马可·波罗传奇》多次到海外驻场演出；中外出版社共建国际编辑部的项目合作，促使中国出版集团旗下出版社更好地根据当地市场读者需求开发选题并出版图书；云数传媒在老挝、柬埔寨投资的数字电视公司带动包括中央电视台国际频道和英语新闻频道、云南广播电视台卫视频道和国际频道以及当地电视频道在内的数十套数字电视节目播出。[①] 对外文化投资是推动形成对外文化开放格局的重要支点，对文化产业的对外开放具有重要意义。

对外文化投资搭建了国内外文化资源深度融合的平台，有利于深化文化产业国际合作。对外文化投资所带来的国际文化合作是双向的，最开始或许侧重于输出，但随着对当地市场的熟悉，也将适当引进当地的文化资源。以北京·洛杉矶文化创意产业园为例，这是中国在美国建立的首个文化产业园区，园区内汇集了中美两国众多文化企业，通过组织和参与影视、艺术品创作等一系列活动，促进了中美两国文化企业的对接，带动了文化的"引进来""走出去"。"文明因交流而多彩，文明因互鉴而丰富"，文化只有在开放中方能保持其旺盛的生命力，这也使文化"走出去"拥有了更为重要的长远意义。

对外文化投资同制造业和现代服务业的对外投资相得益彰，前者为后者营造良好环境，后者则是深厚文化内涵的现实呈现。文化产业有强大的溢出效应，对外文化投资作为中华文化"走出去"的一部分，是在世界范围主动发声传播中华文化，有利于讲好"中国故事"，展现真实、立体、全面的中国，为对外投资营造有力的外部环境。对外文化投资不仅可以为制造业和现代服务业的高质量"走出去"提供更好的公关、广告等服务，而且可以为制造业和现代服务业的对外投资提供深层次的文化诠释。

对外文化投资是文化产业的有机组成部分，为中小企业的发展和落后地区的脱贫提供了机遇。正如联合国《创意经济报告》（2019）提到的，

---

① 云南商务：《"排头兵"云数传媒：十年磨一剑，光照十八国》，2018 年 3 月 31 日，https://baijiahao.baidu.com/s? id = 1596377608096675790&wfr = spider&for = pc。

"创意产业为中小企业带来了巨大发展机遇"。在国际范围内，文化企业普遍以中小企业为主。以中国为例，从《中国文化及相关产业统计年鉴》和《2018年文化和旅游发展统计公报》的数据看，2004年文化及相关产业法人单位平均从业人员数为27.47人，2008年为21.88人，2013年为19.16人，2018年为11.79人。截至2018年末，全国有文化及相关产业法人单位210.3万个，比2013年末增长129.0%；从业人员2055.8万人，比2013年末增长16.8%，其中经营性文化产业方面，2018年末全国共有法人单位194.8万个，比2013年末增长148.0%，中小企业数量出现明显增长。文化产业的企业结构也决定了对外文化投资的企业结构，开展对外文化投资的企业中不乏中小企业甚至是小微企业。

三 影响对外文化投资发展的因素

制度创新支撑。更高水平的文化产业对外开放为对外文化投资注入了新的活力。基于世贸组织文化例外的条款，各国文化产业普遍存在较高的进入壁垒，而在负面清单和文化多样性理念日益取得各国共识的背景下，不管愿意或者不愿意，文化领域投资自由化便利化是不可阻挡的趋势。我国文化产业的对外开放近年来也不断加大政策的创新力度，尤其是在先行先试的区域。以自贸区为例，上海自贸区专门发布文化市场开放项目实施细则，创新游戏游艺设备生产和销售，设立演出经纪机构、演出场所和娱乐场所等方面的制度，部分做法后在全国复制推广，如"允许内外资企业从事游戏游艺设备生产和销售，经文化部门内容审核后面向国内市场销售"的经验于2015年在全国复制推广。民营企业在制度创新中赢得了更大的发展空间，如2015年北京华语联合出版有限责任公司成为第一家获得对外专项出版权的民营出版公司①，进一步丰富了对外文化投资的主体。

政府引导支撑。政府灵活运用政策文件、示范项目、展会目录、人才培训等方式，不断引导投资的主体、地区和范围等。在政府政策方面，各

---

① 李婷婷：《门槛降低 民营出版社享有对外出版权》，《新京报》2016年9月26日，第A10版，http://epaper.bjnews.com.cn/html/2016-09/26/content_653626.htm? div=-1。

级政府连续发文，从金融、财税、外汇等多方面支持企业对外文化投资。以北京市为例，《关于深化市属国有文化企业改革的意见》鼓励本市国有文化资本与境内外资本进行合作对接，通过开展对外文化投资和并购、在海外设立分支机构等方式提升企业竞争力。在示范项目方面，通过征集、遴选有代表性的项目加以资助，政府资金着力引导企业投资有深刻文化内涵的优势文化项目，树立中国企业的国际形象。如 2018 年"一带一路"文化贸易与投资重点项目确定了 40 个项目，其中不乏柏斯音乐澳洲旗舰店、上久楷宋锦欧洲设计中心等对外文化投资项目，内容涉及共建"一带一路"国家的文化基础设施建设、演艺设备和技术、文化旅游等领域，目的是通过示范项目的引导带动我国与共建"一带一路"国家的文化合作取得务实成果。① 展会目录方面，文化和商务部门每年公布展会目录，通过参与和组织重点国际文化展会，引导企业抱团出海。

产业基础支撑。对外文化投资的发展离不开强大的产业基础，而文化产业的发展又高度依赖经济的发展。在全球文化产业飞速发展的大背景下，尤其是在 2008 年金融危机导致的全球经济衰退的形势下，文化产业依然显现出强大活力，文化产品和服务的绿色环保与高附加值属性使其成为拉动经济增长、转变经济发展结构的一个新亮点。根据国际经验，当人均 GDP 超过 3000 美元时，文化消费会快速增长；接近或超过 5000 美元时，文化消费则会井喷。国家统计局发布的报告显示，2008 年，中国人均 GDP 首次超过 3000 美元；2011 年，中国人均 GDP 首次超过 5000 美元，带来中国文化消费市场的井喷。在强劲的需求拉动下，文化产品和服务的供给能力也在不断提升，中国文化产业增加值占 GDP 的比重从 2011 年的 2.85% 提高到 2018 年的 4.30%。对文化产品和服务的大规模消费是经济发展达到特定水平的产物，而投资海外文化消费市场并服务本地消费是对外文化投资最原始的目的，因此欧美市场成为中国企业海外文化投资最主要的目的地。

市场环境支撑。党的十九大报告提出，要深化文化体制改革。2018 年

---

① 中国一带一路网：《文化部公布 2018 年"一带一路"文化贸易与投资重点项目》，搜狐网，2017 年 12 月 20 日，http://www.sohu.com/a/211688118_731021。

底国务院发布《文化体制改革中经营性文化事业单位转制为企业的规定》和《进一步支持文化企业发展的规定》两个文件，进一步明晰文化事业和文化产业的边界，促进经营性文化事业单位稳步转企，为文化投资营造了良好的市场氛围。文化企业跨地区、跨行业、跨所有制并购重组持续升温，资本密集度不断提升，增强了企业从事国际资本运作的能力。我国还专门针对文化领域设立若干国家级基地，在北京、上海、深圳三地设立的国家对外文化贸易基地和首批设立的13家国家文化出口基地，已成为文化领域对外投资的重要平台，如北京首家外资演出经纪机构就入驻了国家对外文化贸易基地（北京）。① 在国际范围内，"一带一路"建设为中国对外文化投资提供了更大的市场空间，中国计划到2020年设立50个中国文化中心，为中国文化企业海外发展和文创产品的展览展示提供服务。

企业主体支撑。对外文化贸易的发展拓展了企业的国际化视野，培育了外向型企业主体，为大规模对外文化投资的到来做了充足的前期准备。麦肯锡的报告显示，文化贸易发展的主要推动力和国家经济发展水平的相关度超过90%，伴随中国经济的高速增长，对外文化贸易也迎来了蓬勃发展，按照联合国的统计，中国对外文化贸易的规模已居全球首位。在这一过程中，企业逐渐熟悉国际市场，培育优势项目，打造自身品牌。商务部数据显示，2009~2018年，有1705家企业入选国家文化出口重点企业，有692个项目入选国家文化出口重点项目。在企业转型中，文化领域也成为越来越多企业的选择，进而提升了文化企业的整体实力。据2017年《财富》杂志，世界500强中有115家中国企业上榜，其中8家企业同文化产业有关，比上一年翻了一倍。

新业态支撑。联合国《创意经济展望：创意产业国际贸易趋势》指出创意经济数字革命的必然性，而随着文化和数字技术的融合，数字文化产业正展现出远超传统文化产业的发展潜力。2013年，实体文化产品和门票在线销售额达260亿美元，而数字产品销售额已经达到660亿美元，其中一半以上来自在线游戏或者手机游戏。技术变革为中国对外文化投资提供

---

① 服务贸易新视野：《首家外资演出经纪机构落户北京啦》，慢钱头条网，2017年5月4日，http://toutiao.manqian.cn/wz_7R01aoqlc5.html。

了崭新的机遇，部分得益于国内相对完备的互联网基础设施建设，中国在数字化演艺装备、新媒体技术、数字出版、手机游戏等方面积累了一定优势，并成为对外文化投资发展的重要部分。

四 对外文化投资面临的挑战和困境

在政策层面，对外文化投资的激励和监管政策基本沿用了以往制造业的政策，这种做法风险小、见效快，但缺乏创新，难以适应文化的独有特点。以统计为例，首先，对外文化投资的统计属于中国对外直接投资的组成部分，由国家统计局负责统计制度核准、商务部负责非金融类企业对外投资数据的收集、外管局负责金融类企业对外投资活动数据的收集，由商务部汇总后向社会发布。这一体系有其形成的客观原因和实践价值，但也导致对外文化投资缺乏投资国别、投资企业、投资领域等细分数据，加之文化产业体系庞大，企业结构以中小企业为主，数据采集难度较大，数据缺失较多，影响了政策制定和企业服务等工作的开展。其次，数据重复填报现象频现，由于很多对外投资项目本身也属于文化服务贸易中的商业存在，引发同一数据需要在服务贸易、文化贸易等多个系统申报的现象，加重了企业报送的困难。再次，受政策影响，部分企业在开展投资过程中为规避审查、降低成本并未按投资实际类别进行申报，致使文化投资难以做到应统尽统。最后，基于降低成本、便利投资的考虑，海外项目的利润甚至母公司的出口收入都可能直接投资海外，也加重了统计的困境。

地区发展不平衡。2016 年联合国发布《2030 年可持续发展议程》，第一次在全球层面承认了文化、创意和文化多样性在应对可持续发展挑战中的关键角色[1]，而联合国发展创意产业的初衷就是保护文化多样性并将其作为发展中国家的优势产业对待，但现实中无论从文化产业、贸易、投资规模还是从企业主体实力看，发达国家都占据绝对的主导位置，除新兴市

---

① 联合国教科文组织编《重塑文化政策：为发展而推动文化多样性的十年》，意娜译，社会科学文献出版社，2016。

场国家外多数发展中国家的表现不尽如人意。① 尽管中国对外文化投资整体表现不错，但内部存在的东西部差距也导致了地区发展的不平衡。东部地区的对外文化投资发展明显优于中西部地区，这突出表现在外向型企业主体的差异。2009~2018 年，国家文化出口重点企业评选中来自北京的企业入选 294 次，来自广东、上海、江苏、浙江、安徽的企业入选次数也超过百次，而来自西藏、宁夏、甘肃、内蒙古、贵州的企业入选次数仅为个位数。中西部文化资源丰富，只有因地制宜选择要发展的文化领域，加强在文化领域的创新尝试，才能在文化"走出去"中有所作为。

当前对外文化投资偏重文化制造业和重资产投资方式，造成资金外流，客观来讲，资本看重文化市场是好事，但企业负债过重，一旦海外投资失利，也将累及国内资本市场。企业选择这一投资模式或许是想借力中国制造业基础，或许是由于文化创意内容本身较为复杂，或许是为了应对海外投资限制，或许是通过对下游渠道的掌握反向带动上游产品和服务的国际化，由此既能很好地利用中国产业的既有优势，在最大程度上降低海外投资探索的风险和难度，又能在最短的时间内在文化投资方面产生现实收益、见到实效。尽管这种做法便于操作，具有见效快、风险小的特点，但难以形成文化投资自身的特色和优势，偏离文化"走出去"的初衷。文化"走出去"最重要的是创意内容的"走出去"，创意内容的"走出去"有自身的特点和发展规律，需要更大胆的探索、创新和实践转化。

专业人才短缺，投资后运营陷入危机。对外文化投资过程中，海外运营人才、市场营销人才、法律人才等的不足导致企业对目标市场环境和渠道缺乏全面了解。多数对外文化投资项目仅仅停留在成功落地的初级阶段，只是追求项目和资金的"走出去"，忽视了对当地市场的深入了解，从而陷入国际化运营的困境。这种缺乏了解具体体现为一方面对海外政治、经济、文化、宗教等方面的差异缺乏了解，另一方面对海外消费需求的复杂性和多样性准备不足。因此，强化投资专业人才团队的引进和培养对开拓海外市场至关重要。企业的实践表明这方面的专业人才既要对当地

---

① 意娜：《"联合国2030 可持续发展议程"下的国际文化创意产业发展趋势》，《广东社会科学》2016 年第 4 期。

的风土人情有充分的了解，又能突破语言障碍同企业实现无缝对接，在投资前、投资中、投资后具有较强的优势。

五 发展对外文化投资的策略

遵循市场规律，推进优势文化领域对外投资。文化领域属敏感投资领域，各国普遍存在持股比例、行业准入等限制，为免受诟病促使文化理念真正获得当地认同，文化投资项目须弱化政府的直接介入，强调市场机制，突出平台和中介机构的作用。要继续深化文化体制改革，明晰文化产业和文化事业的界限，区别对外文化交流、对外文化投资，促进对外文化投资回归投资的本质，并鼓励企业主动承担社会责任。中国在文化各细分领域的比较优势存在显著差异，在游戏、动漫等优势领域具有广阔的海外市场。娱乐性是文化产品和服务的内生属性，对外文化投资不应纠结于娱乐性和严肃性，而应允许企业依据市场需求综合运用全球资源。

勇于尝试，谨慎推进，不断创新对外文化投资政策。具体包括完善统计框架和门类，使更多文化投资数据落于统计实处，避免分类不清晰、界限难界定等问题，保证文化投资统计数据的完整度和精准度。建立商务部、文化和旅游部、外管局、海关等文化监管部门之间的数据对接推送，充分发挥先行先试区域的定位，探索对海外子公司符合规范的财务数据的认定，推动信息共享，减轻企业负担。建立健全纠错机制，合理引导文化企业投资海外实体，减少投机行为，并建立重大风险预警机制，减少海外投资失利的负面效应。

创新对外文化投资方式，促进文化融合共生。文化产业的发展必须建立在强大的综合国力的基础上。改革开放以来，中国经济取得的举世瞩目的成绩对世界各国形成强大的吸引力，对外文化投资需紧密反映当下中国的现实，加强行业间互动，防止将文化和经济割裂开来的错误做法，向世界展现真实、立体、全面的中国。

推动文化产业扩大开放，打造投资服务全链条。2018 年中央经济工作会议确定，要推动构建人类命运共同体，积极参与世贸组织改革，促进贸易和投资自由化便利化。文化的海外投资离不开专业团队，包括专业的市场营销、公关、翻译、法律等各方面的人才和服务团队。随着国内文化市场的开放，外资文化企业的进入不仅将通过溢出效应激发企业的海外文化动力，而且将建立庞大的海外文化渠道。政府应加大对海外文化投资人才的引进力度和社会保障体系建设，或者通过校企合作、企业培训等方式吸纳具有双重文化背景的人才，完善自身海外人才培养和储备。

参考文献

意娜：《发展与保护：重塑文化政策——联合国推动发展中国家文化创意产业发展之考辨》，《山东大学学报》（哲学社会科学版）2016 年第 6 期。

丁立磊：《"一带一路"为传统文化"走出去"铺路搭桥》，《人民论坛》2017 年第 18 期。

推动中国版权贸易高质量发展的对策研究

杨 修 刘 霞*

摘 要: 版权贸易是实现我国贸易强国建设的重要方式。近年来,我国版权贸易取得了积极发展,版权贸易数量快速增长,版权贸易市场延伸至共建"一带一路"国家;在数字技术驱动下,我国数字版权贸易快速增长,电子出版物版权贸易加速发展。在快速发展过程中,我国版权贸易仍存在贸易结构有待优化、版权输出与引进不平衡、版权贸易海外市场过于集中等问题。创意产出水平、数字技术带来的知识产权保护、文化差异和国家政策是影响我国版权贸易发展的主要因素。未来应以版权产业有关的创意人才、数字版权知识产权保护、中国文化海外传播和版权贸易国际合作四个层面为着力点,推动我国版权贸易高质量发展,支撑服务贸易强国建设。

关键词: 版权贸易 数字技术 "一带一路"

党的十九大报告明确提出"培育贸易新业态新模式,推进贸易强国建设"的重要任务。版权贸易是服务贸易的主要形式之一,具有经济和文化双重属性。大力发展版权贸易,不仅是我国服务贸易结构优化和对外贸易高质量发展的重要途径,也是推动中华文化海外传播的重要载体。近年来,在数字网络技术的创新驱动下,我国版权产业快速发展,数字版权等

---

* 杨修,科技部中国科学技术交流中心副研究员,主要研究领域为国际文化贸易、全球化创新;刘霞,北京第二外国语学院经济学院讲师,主要研究领域为国际文化贸易。

新兴业态不断形成，版权贸易发展取得了积极进展，有力支撑了贸易强国的建设。在大数据、物联网、人工智能等数字技术主导全球产业变革的今天，如何实现我国版权贸易高质量发展，对于我国实现从贸易大国向贸易强国的转变具有重要的现实意义。

一　我国版权贸易发展的特征与事实

(一) 我国版权贸易在服务贸易中的比重有待提升

西方发达国家一直将版权贸易作为推动本国服务贸易发展的重要动力。版权贸易在西方发达国家拥有较为完善的国际分销网络和较强的市场运作能力以及成熟的国内版权保护体系。对于美国、英国等文化产业发达国家而言，版权贸易在服务贸易中一直占相对较高的比重。以美国和中国为例，如表 1 所示，2006 ~ 2017 年，美国版权贸易在服务贸易中所占的比重总体呈上升趋势，2006 年美国版权贸易在服务贸易中所占的比重仅为8.98%，而 2017 年已增长至 10.25%，当年版权贸易总额为 1373.8 亿美元。而我国版权贸易在服务贸易中所占的比重多年保持稳定，增加速度十分缓慢，2017 年我国版权贸易在服务贸易中所占的比重仅为 5.33%，且版权贸易总额也远低于美国，仅为 370.62 亿美元，不到美国版权贸易总额的1/3。可见，我国版权贸易在服务贸易中所占的比重仍旧偏低，作用尚未凸显。[①]

表 1　2006 ~ 2017 年中国与美国版权贸易比较

单位: 亿美元, %

年份	中国			美国		
	版权贸易	服务贸易	占比	版权贸易	服务贸易	占比
2006	70.97	2038	3.48	680.81	7579.03	8.98

---

① 由于目前关于版权贸易金额统计分散在国际收支表经常项目收支下的专利使用费以及电影和音像进出口两个子项下，为此本文借鉴戴慧等在《积极推进我国版权贸易发展》中的做法，利用专利使用费、电影和音像进出口额来衡量中美版权贸易金额情况。

续表

年份	中国			美国		
	版权贸易	服务贸易	占比	版权贸易	服务贸易	占比
2007	90.04	2654	3.39	719.48	8609.71	8.36
2008	115.62	3223	3.59	780.9	9418.69	8.29
2009	118.70	3025	3.92	812.86	8995.23	9.04
2010	143.63	3717	3.86	846.15	9720.72	8.70
2011	159.71	4489	3.56	936.83	10628.22	8.81
2012	194.83	4829	4.03	1015.09	11077.37	9.16
2013	228.49	5376	4.25	1013.68	11615.78	8.73
2014	243.38	6520	3.73	1112.59	12218.55	9.11
2015	257.32	6542	3.93	1112.12	12472.76	8.92
2016	280.23	6616	4.24	1256.62	12687.26	9.90
2017	370.62	6957	5.33	1373.8	13401.61	10.25

资料来源：中国服务贸易指南网和美国商务经济分析局数据。

（二）我国版权贸易市场供需不平衡，但供需缺口日益缩小

随着我国文化市场开放度的不断扩大及我国居民文化消费支出的增加，我国版权贸易数量迅速增长，特别是版权输出增长尤为明显。如图1所示，2007～2017年，我国版权引进数量呈波动增长态势，输出数量保持稳步增长，2017年我国版权引进和输出数量分别为18120项和13816项，较2007年分别增长了1.6倍和5.3倍，其中受我国文化产业政策支持和版权产业快速发展的正向影响，我国版权输出数量增长速度较快，2009年我国版权输出数量年增长率高达71.28%。在我国版权贸易快速发展的同时，我国版权贸易市场一直存在明显供需缺口，我国版权引进数量明显大于输出数量。2017年我国版权引进量和输出量缺口为4304项。值得注意的是，随着中华文化海外传播网络的扩大，中华文化海外受众群体明显增加，越来越多外国消费者愿意通过版权贸易等形式了解中国文化，我国版权贸易供需缺口逐步缩小。2008年我国版权引进和输出量差额高达14514项，是2017年的3.37倍。

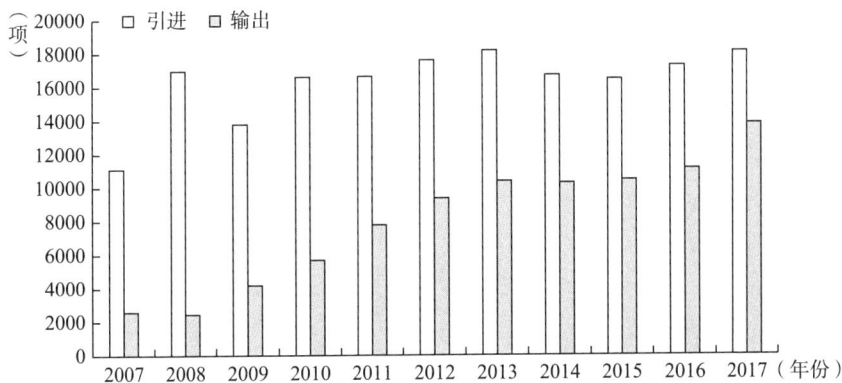

（项）

□ 引进　■ 输出

图1　2007～2017年我国版权引进与输出数量

资料来源：国家版权局。

（三）图书版权贸易主导我国版权贸易发展，我国版权贸易结构有待进一步优化

贸易结构是国家或地区产业和经济结构发展的重要衡量指标之一。分析我国版权贸易结构，可以更加直接地了解我国版权产业结构特征，把握我国版权产业优劣势，对于进一步优化我国版权产业结构，推动版权贸易发展具有指导性作用，如表2所示，在版权引进方面，图书版权占比最大，且显著增加，从2010年85.764%增加至2017年94.669%。同时，录像制品版权引进2010年和2017年数量保持稳定，电子出版物版权引进数量出现显著上升，2017年引进数量为372项，是2010年的7倍多。此外，我国录音制品、电影、电视节目和软件版权的引进数量出现明显下降。这可能是由于国内电影、视听行业快速发展，满足了国内消费者文化娱乐需求，降低了国内市场对国外有关行业的依赖度。在版权输出上，图书版权仍是我国版权输出的最大类别。同时，我国在其余六类版权输出上也出现了不同程度的增长，其中电子出版物增长较为明显，电子出版物版权输出占比从2010年的3.286%增加至11.270%，成为我国版权输出中的第二大类。这在一定程度上反映出我国版权产业国际竞争力逐渐增强。

表 2　2010 年和 2017 年我国版权引进和输出数量和占比

单位：项，%

类别	引进数量		引进占比		输出数量		输出占比	
	2010 年	2017 年	2010 年	2017 年	2010 年	2017 年	2010 年	2017 年
图书	13724	17154	85.764	94.669	3880	10670	68.178	77.229
录像制品	356	364	2.225	2.009	8	102	0.141	0.738
录音制品	439	147	2.743	0.811	36	322	0.633	2.331
电子出版物	49	372	0.306	2.053	187	1557	3.286	11.270
电影	284	10	1.775	0.055	0	2	0.000	0.014
电视节目	1446	61	9.036	0.337	1561	1152	27.429	8.338
软件版权	304	12	1.900	0.066	0	8	0.000	0.058

资料来源：国家统计局。

（四）发达国家依然是我国版权贸易的主要伙伴国，共建"一带一路"国家版权贸易市场仍需进一步开拓

近年来，我国积极开拓版权贸易海外市场，版权贸易"朋友圈"迅速扩大，特别是在东南亚、南亚等共建"一带一路"国家。2016 年我国与共建"一带一路"国家版权贸易总量接近 5000 项，较 2014 年增加了 2300 项；与东南亚、南亚、中东欧和阿拉伯国家版权贸易数量和内容质量均不断提升。据国家统计局数据，截至 2016 年上半年，我国已与 29 个共建"一带一路"国家和地区签订了政府间互译协议。尽管我国版权贸易在共建"一带一路"国家取得了显著的成绩，但必须看到的是，我国版权贸易合作伙伴国仍以美国、英国等文化产业发达国家为主。从全球范围看，我国版权贸易主要集中在北美、东亚和西欧等地区，其中美国、日本和德国是我国 2017 年版权贸易前三大伙伴国，当年双边版权贸易数量在我国版权贸易中所占的比重分别为 24.6%、10.9% 和 8.0%。除上述国家外，我国内地（大陆）主要的版权贸易伙伴还包括法国、韩国、新加坡、俄罗斯和加拿大以及中国香港、中国澳门和中国台湾等地区。而正如前文所说，除了上述国家和地区外，包括共建"一带一路"国家在内的其他国家与我国当年版权贸易数量为 8540 项，占比仅为 26.74%，说明共建"一带一路"国家版权贸易市场仍需要深入开拓与挖掘。

二 我国版权贸易高质量发展的主要影响因素

(一) 我国创意产出水平

版权贸易是通过版权的转让或使用所产生贸易的行为。版权产业作为通过知识文本的创意、加工和传播而形成的文化产业，直接影响着国家或地区版权贸易的发展。由于版权产品具有以无形知识为资本的知识密集型特征，国家或地区创意产出水平就成为影响版权贸易发展的重要因素之一。本文借鉴世界知识产权组织发布的《全球创新力报告 (2019)》中的创意产出得分，从无形资产、创意产品与服务、线上创意三个维度，对中国与美国、德国等我国主要版权贸易伙伴创意产出水平进行比较与分析。如图 2 所示，2019 年我国创意产出综合得分为 48.3，排名第三，仅次于英国和德国。在三个细分维度上，我国无形资产得分为 77.6，排名第一，而线上创意得分仅为 2.7，排名最后。值得注意的是，随着物联网、大数据、互联网等数字技术的快速发展，以线上为特征的数字版权产业正逐渐成为文化产业发展的新动力。与传统版权产业相比，数字版权更加依赖以互联网、云计算、大数据等为代表的信息技术，更加强调通过信息技术实现传统创意服务和交易模式的创新。因此，线上创意水平将成为未来影响版权贸易发展的重要因素。英国、德国和美国的线上创意得分明显高于我国，其中英国线上创意得分为 51.6，排名第一。这也为美国和英国是我国电子出版物版权引进前两位的国家提供了一定的思路。

(二) 数字技术快速发展所产生的知识产权保护问题

当前，物联网、云计算、大数据等数字化技术的快速发展，消除了时空的界限，深深地改变着全球版权贸易的发展格局。一方面，数字技术改变了传统版权贸易交易模式，让在线版权贸易和移动媒体版权贸易成为版权贸易的主力军，形成了线上线下、同时段、多载体和多手段的交易模式；另一方面，数字技术进一步丰富了版权贸易内容，改变了传统版权贸易交易范围，创新了版权贸易交易形式，实现了版权贸易的资本合作，买方、卖方融为共建共享的形式。以数字化音乐版权为例，根据国际唱片协会 (IFPI) 发布的《全球音乐报告 2017》(*Global Music Report 2017*) 的统

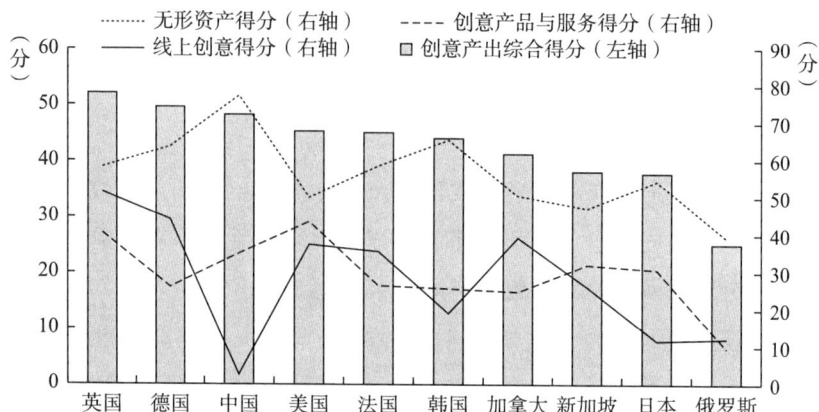

图 2　2019 年中国与主要版权贸易伙伴国创意产出水平

资料来源：《全球创新力报告（2019）》。

计数据，全球数字音乐产业发展迅猛，2016 年全球数字音乐收入为 78 亿美元，占全球音乐产业收入的 50%，其中流媒体音乐增加 60.4%。同时，以物质为载体的音乐收入从 2000 年的 233 亿美元下降至 2016 年的 64 亿美元。全球移动互联网与数字技术的快速发展也给版权贸易发展中的知识产权保护带来了新的难题。

　　近年来，中国移动互联网与数字技术快速发展，中国线上用户数量快速增加，国际电信联盟（ITU）的统计数据显示，中国手机用户注册数量已从 2000 年的 0.85 亿人次增长至 2018 年的 16.41 亿人次；互联网用户人数占比已从 2000 年的 1.78% 增长至 2017 年的 54.30%。在互联网和数字技术的驱动下，中国数字版权贸易较过去呈现大幅增长。以电子出版为例，中国电子出版的版权输出数量从无到有，2000 年输出量仅为 1 项，而 2017 年版权输出量已增长至 1557 项。目前，我国版权贸易的知识产权保护制度管理设计尚不完善，版权的法律保护和管理意识淡薄，特别是在数字版权贸易方面，网络侵权、盗版等问题经常发生，且视听产品的盗版呈现科技化、社会化与网络化趋势，严重损害了创作者的创作动力和利益，对我国版权贸易发展造成了一定的阻碍。

　　（三）与贸易合作伙伴间的文化差异

　　文化差异将降低不同国家或地区居民对产品文化价值的认同，带来文化产品价值的降低，产生"文化折扣"，阻碍文化贸易往来。版权产品是基于文化创造而产生的，其思想表达的文化属性毋庸置疑。因此，国家或地区间的文化差异也会影响我国版权贸易的发展。国内也有很多学者证明了文化差异对我国版权贸易的影响。[①] 由于中国处于东亚文化和儒家文化圈，中国文化与欧美文化、伊斯兰文化等存在较大差异，使得中国版权产品的核心价值观难以被广泛接受和认同，阻碍了中国版权"走出去"。本文采用霍夫斯泰德（Hofstede）提出的六个方面的文化维度来衡量我国与主要版权贸易伙伴国间的文化差异。

Hofstede 对 IBM 公司各国 11.6 万多名员工发放调查问卷，分别从权力距离、个人主义、男性主义、不确定性规避、长期取向与自我放纵六个维度来衡量国家间的文化特征。[②] 从表 3 可知，中国、俄罗斯和新加坡在权力距离和长期取向上得分较高；日本和韩国在长期取向上也得分较高；中国与日本、韩国、新加坡和俄罗斯在个人主义、自我放纵上得分偏低。这反映出中国与其文化亲近的国家、地理邻近国家具有相似的文化特征。同时，美国、英国、法国等欧美发达国家，在个人主义、自我放纵、权力距离三项文化维度上与中国存在明显差异。因此，未来如何精准设计中国海外文化传播策略，增强中国文化海外认同程度，将成为促进中国版权贸易发展的重要动力之一。

表 3　中国与主要版权贸易伙伴文化维度的得分比较

单位：分

国别	权力距离	个人主义	男性主义	不确定性规避	长期取向	自我放纵
加拿大	39	80	52	48	36	68
中国	80	21	66	30	87	24
法国	68	71	43	86	63	48
德国	35	67	62	65	83	40
日本	54	46	95	92	88	42

① 李凯伦、李瑞萍、温焜：《文化距离与友好城市关系对中国版权贸易的影响研究——基于扩展引力模型的实证研究》，《管理现代化》2019 年第 1 期。

② Hofstede G. , *Culture's Consequences*：*Comparing Values*，*Behaviors*，*Institutions and Organizations Across Nations*（Thousand Oask C. A.：Sage Publication，2001）.

续表

国别	权力距离	个人主义	男性主义	不确定性规避	长期取向	自我放纵
韩国	60	18	39	85	100	29
英国	35	89	66	35	51	69
美国	40	91	62	46	26	68
俄罗斯	93	39	36	95	81	20
新加坡	74	20	46	8	72	46

资料来源：霍夫斯泰德文化维度网，http://geert－hofstede.com/countries.html。

（四）与版权贸易有关的国家政策

近年来，我国政府十分重视中华文化海外传播，积极推动中华文化"走出去"。2014 年国务院出台《国务院关于加快发展对外文化贸易的意见》，提出"把更多具有中国特色的优秀文化产品推向世界"。2016 年中央全面深化改革领导小组审议又通过了《关于进一步加强和改进中华文化走出去工作的指导意见》。版权贸易是中华文化"走出去"的重要载体。我国关于推动中华文化"走出去"的各项政策对我国企业进行版权贸易提出了更高的要求。国家新闻出版广电总局启动了"中国图书对外推广计划""丝路书香工程""中外图书互译计划"等多个项目来推动我国版权贸易。国家版权局从 2007 年至今先后成立了包括国家版权贸易基地（越秀）在内的多家国家级版权贸易基地，通过提供版权金融、版权保护、版权交易等多项服务来促进我国版权产业的国际合作。同时，我国政府积极为国内外企业搭建版权国际合作交流的平台，我国版权贸易取得了显著成效。例如，北京国际图书博览会是我国出版企业"走出去"、中外出版行业合作交流的重要平台。自 2006 年第十三届北京国际图书博览会以来，图书版权贸易首次实现贸易顺差，图书版权引进和输出的比例从第十三届的0.81∶1 下降至 0.62∶1。特别是"一带一路"倡议提出以来，北京国际图书博览会在促进我国与共建"一带一路"国家版权贸易合作方面发挥了重要作用。截至 2016 年底，我国已和 29 个共建"一带一路"国家和地区签订了政府间的互译协议，与共建"一带一路"国家版权贸易总量约为 5000项，合作伙伴已从原来的东南亚、南亚国家扩展到阿拉伯、中东欧国家，且版权贸易的数量与质量均得到了明显提升。可以说，我国版权贸易快速发展与"一带一路"倡议、中国文化"走出去"等密切相关。在政府政策的驱动下，我国版权贸易实现了快速发展，版权贸易海外市场空间得到进一步开拓，中国文化的国际影响力得到增强。值得注意的是，尽管如此，我国版权贸易市场仍然存在包括版权贸易人才缺乏、数字版权市场法律监管力度不足等问题，亟待我国政府出台相应的政策，营造良好的经营环境，引导更多优质的企业推动我国版权输出。

三 对策与建议

基于上述分析，本文认为未来我国应从如下几个方面来推动我国版权贸易高质量发展。

（一）加强版权产业特别是数字版权产业人才的培养，提升创意产出水平

人才是创意产出能力的核心。版权贸易的发展取决于版权交易内容是否具有创意，是否能够引起外国消费者的兴趣。面对全球文化市场激烈的竞争，我国版权贸易发展更应该立足于人才的培养。这种人才不仅是指通晓文化贸易、版权交易、知识产权领域有关知识的专业化管理人才，而且是指版权相关产业的文化创意人才，即创意内容的创造者。未来我国应不断完善国内高校、科研院所文化创意人才的培养机制，通过优化课程设置、创新教学手段、加强产学研一体化培养等方式，注重对国内学生创意思维与能力的培养，提升学生的社会实践能力。特别是面对数字技术所催生的数字出版行业，我国政府应出台相关数字出版行业的人才培养规划，鼓励和支持出版企业与高校、研究机构等联合培养数字出版人才，建立数字出版人才资源库，设立专项数字版权贸易人才培养基金，加强数字出版内容生产人才、技术研发人才、资本运作人才和经营管理人才的培养力度，优化传统出版产业的人才队伍结构。

（二）积极有效应对数字化技术新挑战，加强知识产权的法律保护

数字技术的快速发展催生了数字版权产业新业态，从贸易手段、贸易方式、贸易范围、贸易经营方面改变了传统的版权贸易，为版权贸易发展带来了新机遇。同时，数字技术的快速发展也让知识产权侵权行为越来越隐蔽，侵权手段层出不穷，出现从线下转至线上、从固定终端转到移动终端的新变化，打击侵权行为的难度也越来越大，也为我国版权贸易高质量发展带来了新挑战。知识产权保护是一项复杂的工程，不仅要求政府加强对现有与版权有关的知识产权保护法律的完善，加强有关执法，推动网络版权保护与治理，而且需要全社会的共同参与。

从市场层面看，企业之间应加强合作，建立打击盗版等行为的知识产权保护联盟，加强大数据时代知识产权保护的合作，通过综合利用大数据等各种线上平台技术手段，实现技术与出版社数据的对接，对线上盗版等行为进行主动监督与防控。从政府层面看，加强国家新闻出版署、国家版权局、国家市场监督管理局、司法局等多部门合作与联动，把数字知识产权保护作为一项长期任务来抓，共同探索和建立数字知识产权的法律保障和市场监督体系，共同营造和维护有利于我国数字知识产权保护和版权贸易高质量发展的市场环境。

（三）积极推动中华文化"走出去"，提高中华文化的海外认同度

文化属性是版权贸易的独特属性，因而版权贸易成为一个国家和地区文化传播的重要方式。近年来，我国积极推动中华文化的海外传播，深化与世界各国的文化交流和合作，使越来越多外国民众了解与接受中国文化价值。中华文化的海外传播是一项长期且十分艰巨的工程。我们必须看到，中华文化海外传播仍然存在诸多不足，包括文化传播策略缺乏系统设计、中国文化海外市场占有率依旧偏低、传播对象未形成体系与层次、文化传播效果系统评价体系欠缺等。这些都成为中华文化海外传播的障碍，产生"文化折扣"，影响我国版权的输出。

未来我国应从如下几方面来推动中华文化海外传播。一是注重对中国传统文化的挖掘，创新中华文化海外传播方式，取其精华，去其糟粕，用外国人更容易接受和理解的方式传播中华文化，讲好"中国故事"。二是继续发挥孔子学院在中国文化海外传播中的重要作用，完善孔子学院在全球的布局，创新和完善孔子学院的课程设置，采用语言教学与文化教学相结合的方式，增强外国民众对中国文化的认同。三是积极利用海外华人网络，培养一批知华友华人士，加强与海外研究机构、地区性组织、商会等海外华人社团的合作交流，构建中华文化海外交流传播的民间平台，拓宽中华文化海外传播渠道。四是塑造中国企业在海外的良好形象。中国企业是国际社会认识和了解中国的重要窗口。中国企业在海外要积极响应构建人类命运共同体的号召，深入研究和遵守所在国家的法律，尊重当地的宗教文化和生活习惯，树立在当地的社会责任意识，支持和参与当地社会慈善事业，保护当地自然生态环境，加强与当地政府、媒体和非政府组织的沟通交流，增进理解与信任。

（四）加强版权贸易国际合作，扩大我国版权贸易海外市场

目前，我国版权贸易合作伙伴仍以欧美等发达国家为主，与其他发展中国家，特别是共建"一带一路"国家版权贸易数量依旧偏低，版权贸易伙伴呈现集中化趋势。未来我国应进一步加强版权贸易的国际合作，积极推进与发展中国家的版权贸易联盟建设，在图书、影视等方面促进出版方、发行方、译者、代理机构深入合作，扩大我国版权贸易海外市场。同时，要积极推进数字版权贸易平台建设，与贸易合作伙伴共同在知识产权保护、版权金融、版权电子交易等方面加强信息和技术合作，共同抵制盗版等侵权行为，促进全球版权贸易有序发展。

参考文献

洪九来：《改革开放以来我国图书版权贸易总体进程及基本规律的整合分析》，上海市社会科学界第十六届学术年会会议论文，上海，2018 年 11 月 14 日。

季峰：《西方版权贸易经验对中国版权贸易的启示》，《出版与印刷》2007 年第3 期。

蔡晨鹜：《在"文化走出去"背景下探讨北京图博会版权贸易的变迁》，《出版与印刷》2017 年第 3 期。

戴慧、吴玥：《积极推进我国版权贸易发展》，《中国发展观察》2019 年第 10 期。

左惠：《国际文化贸易格局的变动及对中国的启示》，《南开学报》（哲学社会科学版）2018 年第 3 期。

《中华文化海外传播任重道远》，环球网，2019 年 4 月 20 日，http：//opinion. huanqiu. com/hqpl/2019 – 04/14756183. html？agt = 15438。

《塑造中国企业良好海外形象》，中国社会科学网，2017 年 11 月 19 日，http：∥ www. cssn. cn/sklt/201711/t20171119_3747192. shtml。

《数字经济时代更要加强知识产权保护》，中国贸易报网，2019 年 8 月 1 日，http：∥ www. chinatradenews. com. cn/epaper/content/2019 – 08/01/content_62158. htm。

《版权贸易的经营属性亟待加强》，人民网，2014 年 9 月 23 日，http：∥ip. people. com. cn/n/2014/0923/c136655 – 25716036. html。

中国文化贸易企业的现状及发展研究

李嘉珊　田　嵩*

摘　要： 文化贸易长期以来受到各国政府的重视，我国政府同样制定了大量与文化贸易相关的扶持政策，加大对文化企业的支持力度，促进我国文化贸易出口领域的发展。当前我国文化贸易企业和文化出口项目的来源更多的还是集中于直辖市和沿海经济发达省市，在资金、利润、人员等方面，沿海省市同样占据着更大的贸易优势，而内陆和西部省区市在不同维度都呈现出较低的水平。在文化贸易企业的对外出口方面，对于文化服务出口领域应继续加大扶持力度；在文化出口项目的输出国家方面，应积极把握共建"一带一路"国家的文化出口市场，扩大我国文化贸易的海外发展。

关键词： 文化贸易　文化出口　文化贸易企业

一　背景

随着我国综合国力的提高和文化领域的改革开放步伐逐步加快，越来越多的文化产品和服务走向国际市场，传播中华文化，扩大国际影响力，促进文化产业发展，取得了良好的社会效益和经济效益。但是也应看到，

---

*　李嘉珊，北京第二外国语学院教授，中国服务贸易研究院常务副院长，首都国际服务贸易与文化贸易研究基地首席专家，主要研究领域为国际文化贸易、国际商务沟通；田嵩，北京第二外国语学院副教授，主要研究领域为大数据分析。

我国丰富的文化资源和广阔的文化市场未得到科学合理的开发利用，文化产品和服务出口总量仍然较少，市场竞争力相对较弱，文化因素在对外交往中的作用亟待加强。为进一步加强和改进文化产品和服务出口工作，推动更多优秀文化产品和服务走向国际市场，2005 年，国务院办公厅正式颁布了《关于进一步加强和改进文化产品和服务出口工作的意见》（中办发〔2005〕20 号，以下简称《意见》）。

《意见》明确表明要促进文化产品和服务出口，加快国有文化企事业单位改革步伐，着力培养一批具有国际竞争力的文化市场主体，鼓励、支持和引导非公有制文化企业扩大产品和服务出口，调动各方力量共同开展文化产品和服务出口工作。创造平等的市场环境和良好的政策环境、法制环境，充分发挥非公有制文化企业在文化产品和服务出口方面的积极性和主动性。扶持一批发展方向正确、经营机制灵活、市场前景广阔、管理规范的非公有制文化产品和服务出口企业。组建国有资本、集体资本、非公有资本等参股的混合型文化产品和服务出口企业，增强我国文化的国际影响力和竞争力。

为进一步贯彻落实《意见》，2006 年，财政部、商务部、文化部、中国人民银行、海关总署、税务总局、广电总局、新闻出版总署等八部门联合制定了《关于鼓励和支持文化产品和服务出口的若干政策》，以下简称《政策》。《政策》鼓励并支持各种所有制文化企业积极开展、参与和从事文化产品和服务出口业务。中央和省级宣传文化发展专项资金、"文化走出去"专项资金，加大对文化产品及服务出口的支持，同时完善文化产品和服务出口表彰奖励机制。

《政策》中还提及商务部同宣传、文化、外宣、外交等主管部门制定《文化产品和服务指导目录》，完善文化产品和服务进出口统计，加强对文化企业"走出去"工作的指导，对列入指导目录的项目和企业，给予相应的优惠政策。因此，为培育我国文化产业骨干企业，鼓励和支持文化企业参与国际竞争，积极开拓国际文化市场，扩大文化产品和服务出口，提高文化企业国际竞争力，增强中华文化的国际影响力，商务部、外交部、文化部、广电总局、新闻出版总署、国务院新闻办于 2007 年共同制定了

《文化产品和服务出口指导目录》。在列入指导目录的项目中认定一批有利于弘扬中华民族优秀传统文化、有利于维护国家统一和民族团结、有利于发展中国同世界各国人民友谊且具有比较优势和鲜明民族特色的"国家文化出口重点项目";在符合目录要求的企业中认定一批拥有国际文化贸易专门人才、具备较强国际市场竞争力、守法经营、信誉良好的"国家文化出口重点企业"。每两年评选一届国家文化出口重点企业及重点项目,从2007年至2018年已进行6届评选。

本文从数据可读性角度出发,选取2009～2018年的国家文化出口重点企业和重点项目作为研究样本,以具有代表性数据的衍变规律来反映我国文化贸易企业的现状和发展趋势,下面对典型文化贸易企业和出口项目的选择标准和文化出口数据进行具体阐述和分析。

二 典型文化贸易企业及出口项目的选择标准

2007年,商务部、外交部、文化部、国家广电总局、国家新闻出版总署、国务院新闻办共同制定了《文化产品和服务出口指导目录》①,以下简称《指导目录》。根据此目录标准,对符合条件的文化企业进行评价及筛选,共进行了2007～2008年度以及2009～2010年度两届国家文化出口重点企业及重点项目的评定。

2010年,在此基础上,为了深入贯彻落实党的十七大以及党中央、国务院关于大力促进文化贸易发展的一系列指示精神,加强和改进文化出口工作,增强文化出口企业的国际竞争能力,推动更多优秀文化产品和服务走向国际市场,商务部、中宣部、财政部、文化部、中国人民银行、海关总署、国家税务总局、国家广电总局、国家新闻出版总署、外汇局等十部门联合出台了《关于进一步推进国家文化出口重点企业和项目目录相关工作的指导意见》,其中提及制定和调整《指导目录》,商务部会同中宣部、

---

① 《商务部等部门2007年第27号公告,公布〈文化产品和服务出口指导目录〉》,商务部服务贸易和商务服务业司网,2007年5月31日,http://fms.mofcom.gov.cn/article/a/ad/200705/20070504732352.shtml。

外交部、财政部、文化部、海关总署、国家税务总局、国家广电总局、国家新闻出版总署、国务院新闻办等部门共同制定《指导目录》，并根据国际文化贸易市场的发展趋势和需求，以及我国文化产业的发展情况，不定期对《指导目录》进行调整。

同时，制定和调整《企业目录》和《项目目录》。按照《指导目录》确定的标准，各省、区、市和有关单位向国务院有关部门推荐符合条件的企业和项目，商务部会同中宣部、财政部、文化部、国家税务总局、国家广电总局和国家新闻出版总署组织有关专家进行评选，共同制定《企业目录》和《项目目录》，并根据文化出口情况和市场发展潜力，每两年调整一次。企业每年填报一次《文化企业进出口情况申报表》，作为下一年度参加重点企业和重点项目评审的依据。文化出口重点企业及重点项目的承担企业（简称目录内企业），须每月填报《文化企业进出口情况申报表》，申报工作通过商务部"国际服务贸易统计申报系统"进行。

在此基础之上，商务部、中宣部、外交部、财政部、文化部、海关总署、国家税务总局、国家广电总局、国家新闻出版总署、国务院新闻办于2012年共同修订并发布了 2012 版《指导目录》①，2007 版《指导目录》（商务部、外交部、文化部、广电总局、新闻出版总署、国务院新闻办2007 年第 27 号公告）同时废止。

本文分别将 2007 版和 2012 版《指导目录》中对国家文化出口重点企业和重点项目的评选标准作为典型文化贸易企业和文化出口项目的选择依据，2007~2008 年文化贸易企业和文化出口项目的数据缺失较为严重，故仅选取 2009~2018 年的文化贸易企业和文化出口项目数据作为研究样本。另外，2007 版和 2012 版《指导目录》的变化主要为文化贸易企业分类和部分评选标准，入选文化贸易企业的企业经营和对外出口等数据标准变化不大，可以保证研究样本的数据一致性。下面将分别对典型文化贸易企业和文化出口项目进行详细介绍和分析。

---

① 《商务部、中宣部、外交部、财政部、文化部、海关总署、税务总局、广电总局、新闻出版总署、国务院新闻办公告 2012 年第 3 号》，商务部服务贸易和商务服务业司网，2012年 2 月 23 日，http://fms.mofcom.gov.cn/article/a/ad/201202/20120207980735.shtml。

三 典型文化贸易企业的发展现状

（一）典型文化贸易企业的数据统计

本文以入选国家文化出口重点企业名单作为典型文化贸易企业的样本数据来源。国家文化出口重点企业（简称"重点企业"）申报与认定工作从 2007 年正式开始，由于数据样本的缺失，重点企业基本概况及地理分布统计主要以商务部服贸司官方网站公开发布的 2009 ~ 2018 年五届国家文化出口重点企业数据为准。重点企业经营情况，则是根据重点企业上报的 2009 ~ 2016 年（4 届）国家文化出口重点企业申报数据进行统计，包括企业固定资产、销售收入、纳税情况、利润及利润率情况。由于企业申报材料中相关数据信息的缺失，只针对 2011 ~ 2012 年，2013 ~ 2014 年以及 2015 ~ 2016 年这三届重点企业人员情况进行数据统计分析，并选取 2011 ~ 2014 年重点企业文化产品及服务出口情况进行相应分析与总结。

（二）文化贸易企业基本概况

2009 ~ 2018 年共计评选五届国家文化出口重点企业，涉及企业 1705 家（次），各评选年份具体评选数量如表 1 所示。

表 1　2009 ~ 2018 年国家文化出口重点企业评选年份及评选数量

单位：家

评选年份	评选数量
2009 ~ 2010	211
2011 ~ 2012	489
2013 ~ 2014	366
2015 ~ 2016	344
2017 ~ 2018	295

从表 1 中的数据可以看出，2011 ~ 2012 年评选的国家文化出口重点企业数量最多，之后呈现逐年下降的趋势。图 1 显示了各年份国家文化出口重点企业评选数量的变化趋势。

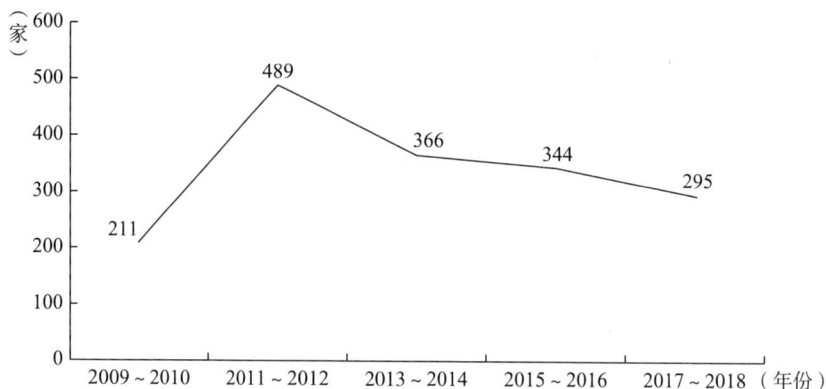

图 1　2009～2018 年国家文化出口重点企业评选数量

　　实际上榜企业 931 家，其中有 524 家企业入选 1 次，180 家企业入选 2 次，110 家企业入选 3 次，94 家企业入选 4 次，23 家企业入选 5 次，具体分布如图 2 所示。

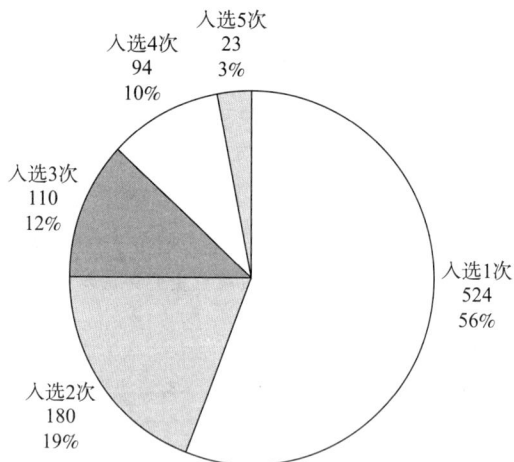

图 2　2009～2018 年重点企业入选次数分布

　　另外，能够连续五届入选国家文化出口重点企业目录，说明这家企业具有很好的发展持续性，23 家连续五届入选企业如表 2 所示。从表 2 中的数据可以看出北京的企业在发展持续性上占有明显优势，这也与北京占据全国文化中心的优势密不可分。

表2 2009～2018年连续五届入选企业

重点企业名称	省（区、市）
北京华联印刷有限公司	北京
北京星海钢琴集团有限公司	北京
北京中视环亚卫星传输有限公司	北京
俏佳人传媒股份有限公司	北京
天创国际演艺制作交流有限公司	北京
中广电广播电影电视设计研究院	北京
中国对外文化集团公司	北京
中国广播电视国际经济技术合作总公司	北京
中国国际电视总公司	北京
中国杂技团有限公司	北京
深圳市方块动漫画文化发展有限公司	广东
广州珠江钢琴集团股份有限公司	广东
河北金音乐器集团有限公司	河北
武汉艾立卡电子有限公司	湖北
中南出版传媒集团股份有限公司	湖南
沈阳杂技演艺集团有限公司	辽宁
山东出版集团有限公司	山东
上海五岸传播有限公司	上海
昆明憨夯民间手工艺品有限公司	云南
云南无线数字电视文化传媒有限公司	云南
海伦钢琴股份有限公司	浙江
华谊兄弟传媒股份有限公司	浙江
浙江华策影视股份有限公司	浙江

（三）国家文化出口基地与国家文化出口重点企业

2018年5月，为贯彻落实《国务院关于加快发展对外文化贸易的意见》（国发〔2014〕13号）等文件精神，促进中华文化"走出去"提质增效，商务部、中央宣传部、文化和旅游部、国家广播电视总局共同开展了国家文化出口基地评审认定工作，评选出包括北京天竺综合保税区在内的13家国家文化出口基地。2009～2018年，13家国家文化出口基地中评选上国家文化出口重点企业的总计252家，其中2011～2012年基地内入选重点企业数量最多，为 65 家，总体上国家文化出口基地内入选重点企业数量稳定，2011～2018 年基本维持在每届 50～65 家。基地内入选重点企业占全国入选重点企业的比重则从 2011～2012 年开始逐步上升，从长期发展来看，国家文化出口基地对重点企业培育具有一定的积极意义，具体数据如图 3 所示。

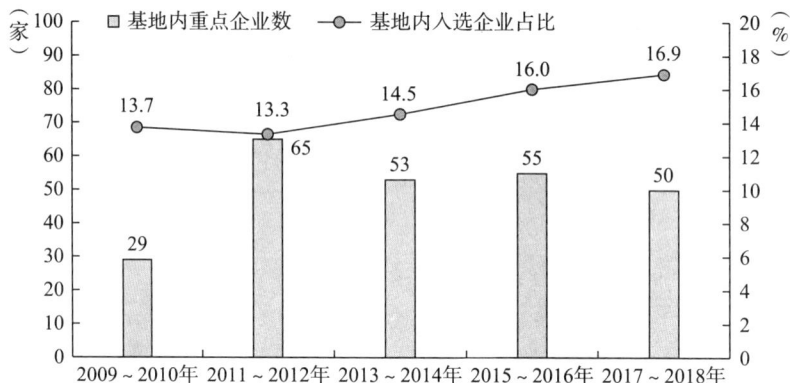

图 3　2009～2018 年基地内入选重点企业情况

在 13 家国家文化出口基地中，入选重点企业的详细情况如表 3 所示。湖南省长沙和上海徐汇区国家文化出口基地入选重点企业总数都达到 40 家以上，但是从 2013～2014 年开始，这两家出口基地入选重点企业数量呈不断下降趋势。福建省厦门自贸片区、云南省昆明市、四川省自贡市等国家文化出口基地入选重点企业数量则在 2013～2014 年以后呈现稳步上升的趋势。

表 3　2009～2018 年基地内入选重点企业数量统计

单位：家

国家文化出口基地	2009～2010 年	2011～2012 年	2013～2014 年	2015～2016 年	2017～2018 年	合计
安徽省合肥市蜀山区国家文化出口基地	1	7	4	13	4	29
福建省厦门自贸片区国家文化出口基地	1	6	4	6	7	24
广州市天河区国家文化出口基地	3	3	4	3	3	16
湖南省长沙国家文化出口基地	6	13	14	8	6	47
江苏省无锡国家文化出口基地	1	5	3	3	4	16

国家文化出口基地	2009 ~ 2010 年	2011 ~ 2012 年	2013 ~ 2014 年	2015 ~ 2016 年	2017 ~ 2018 年	合计
山东省淄博市博山区文化出口基地	0	1	2	1	2	6
陕西省西安高新技术开发区国家文化出口基地	3	5	3	1	0	12
上海徐汇区国家文化出口基地	7	11	9	8	7	42
四川省自贡市国家文化出口基地	2	8	4	4	8	26
云南省昆明市国家文化出口基地	3	5	4	6	7	25
浙江省国家文化出口基地建设主体（西湖区）	2	1	2	2	2	9

（四）文化贸易企业的地理分布

通过对重点企业的地理布局进行分析，可以发现这十年间除西藏外，所有其他省、直辖市和自治区都有文化企业入选重点企业目录，且北京市的文化企业入选次数最多，达到 294 次。广东（205 次）、上海（155 次）、江苏（146 次）、浙江（137 次）、安徽（101 次）的企业入选次数紧随北京之后。除西藏外，入选重点企业次数最少的为宁夏 2 次，甘肃、内蒙古、贵州同为 4 次。从地理分布角度出发，可以明显看出首都和沿海经济发达地区的文化企业发展得也更加繁荣，内陆经济欠发达地区文化企业发展则较为滞后。

另外，从不同时间阶段的重点企业数量分布情况来看，除首都和沿海地区一直保持较好的发展势头外，内陆和中西部地区则出现较大波动，特别是近几届西部地区出现了较大的空缺。

（五）企业经营情况分析

1. 企业固定资产情况分析

利用重点企业上报的 2009 ~ 2016 年（4 届）国家文化出口重点企业申报数据，统计出重点企业的企业类型。从表 4 中的数据可以看出，重点企业主要由民营企业和国有企业组成，且随着时间的推移，国有企业占比总体呈下降趋势，民营企业占比总体呈上升趋势，重点企业的企业性质组成趋向多元化、合理化。

表 4　2009～2016 年重点企业企业类型占比

单位：%

年度	国有企业	民营企业
2009～2010	40.2	25.4
2011～2012	30.6	41.1
2013～2014	16.1	60.9
2015～2016	29.5	57.4

图 4 显示的是重点企业固定资产总额的统计情况，从图中可以看出，重点企业的固定资产总额整体上呈现增加态势，特别是 2015～2016 年固定资产项更是呈现了跳跃式发展的特点。2014 年 3 月国务院印发了《关于加快发展对外文化贸易的意见》（国发〔2014〕13 号，以下简称《意见》），《意见》中明确加强了财税支持力度和金融支持措施，这与从 2015 年开始重点企业各项经济数据提升有一定的因果关系。

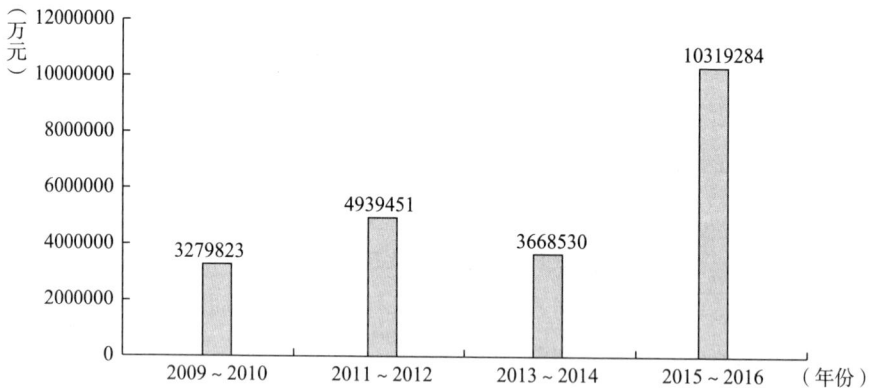

图 4　2009～2016 年重点企业固定资产总额

企业固定资产均值表明了企业平均规模的大小，表 5 按省（区、市）列出了从 2009～2016 年共 4 届国家文化出口重点企业评选信息中提取的企业固定资产信息，如后面如不做特殊说明，金额单位都为万元。

表5　2009～2016年30个省（区、市）重点企业固定资产信息

单位：万元

省（区、市）	2009～2010年	2011～2012年	2013～2014年	2015～2016年	均值	方差
北京	47916.90	21619.29	16871.39	30565.14	29243.18	13682.60
安徽	26839.43	9296.17	92171.37	9322.69	34407.41	39385.99
辽宁	19984.50	5886.00	1816.45	408.43	7023.84	8947.14
江苏	16146.88	17183.71	4668.48	12019.22	12504.57	5680.39
甘肃	16432.00	2734.10	1522.40	—	6896.17	8280.47
福建	2755.99	6529.20	30122.59	3911.56	10829.83	12958.34
广东	8358.74	14764.38	21432.21	36134.81	20172.53	11905.11
山西	5026.00	3637.08	1451.51	4704.40	3704.75	1615.21
广西	33298.40	2620.87	—	6678.33	14199.20	16664.34
海南	800.00	—	1308.07	38.89	715.65	638.78
浙江	20528.99	22399.61	12593.95	16183.06	17926.41	4406.71
黑龙江	539.67	2787.99	610.36	714.87	1163.22	1085.57
湖南	5000.00	26272.77	3640.82	10519.85	11358.36	10378.37
湖北	70068.70	40532.50	7573.88	46186.25	41090.33	25751.23
吉林	5040.00	36464.05	533.40	44774.54	21703.00	22181.01
江西	111600.00	29669.46	4965.88	5574.15	37952.37	50428.29
云南	21007.33	3962.98	368.93	883.71	6555.74	9764.21
山东	113576.21	7128.11	5412.34	27487.54	38401.05	51109.89
陕西	496.26	110.71	2400.00	14585.85	4398.20	6865.10
上海	11849.66	10149.96	6064.07	10455.98	9629.92	2489.67
四川	541.00	1443.70	4687.34	3143.19	2453.81	1838.76
天津	614.27	34386.37	7269.70	6476.80	12186.78	15094.44
河北	3442.50	28397.03	5023.31	19338.00	14050.21	11941.53
新疆	—	8635.00	100.00	100.00	2945.00	4927.68
重庆	37535.67	15759.67	405.50	8883.49	15646.08	15886.84
河南	—	23288.77	1275.71	295857.63	106807.37	164091.87
宁夏	—	15748.00	—	—	15748.00	—
青海	—	22164.00	43460.00	64639.00	43421.00	21237.53
贵州	—	—	203.00	—	203.00	—
内蒙古	—	—	23.87	—	23.87	—

注：西藏无入选企业。

从表 5 中的数据可以看出，除部分省区缺少重点企业固定资产数据以外，大部分省（区、市）重点企业的固定资产均值规模达到亿元水平，其中固定资产规模最高的是河南省。方差用来反映各数据与均值间的离散程度，河南省的方差值同样最大，说明河南省重点企业在固定资产这一项上差别极大，这主要是由于河南省一家文化出口重点企业的固定资产规模远远高于其他企业，去掉该企业数据后，该省重点企业固定资产均值仅为 1 亿元，相当于全国中等偏低水平。较低的方差值可以从一个侧面说明该省（区、市）重点企业固定资产规模集中度较高，即该省（区、市）重点企业整体发展水平较为一致，排除掉部分省区数据缺失或过少导致较低的方差外，上海、浙江、江苏、湖南、广东等省（区、市）的重点企业发展较为均衡（固定资产均值过亿元，且入选企业较多），具体分布如图 5 所示。

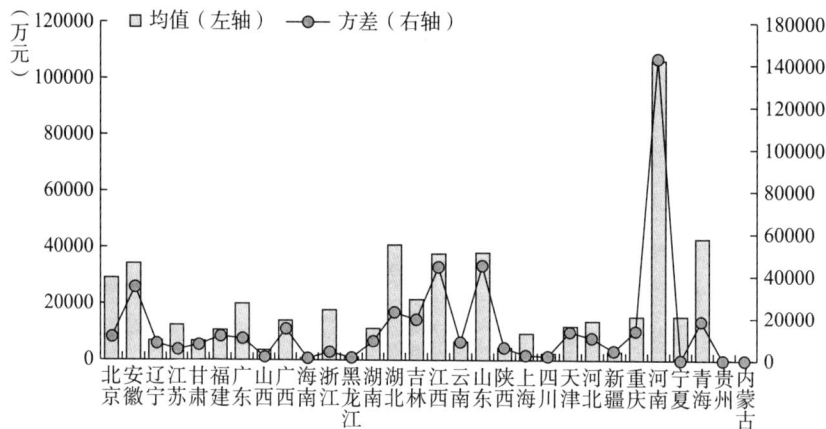

图 5　2009～2016 年 30 个省（区、市）重点企业固定资产均值情况

2. 企业销售收入情况分析

从总体上看，重点企业的整体销售收入实现了稳步增加，从 2009 年的 9111719 万元增长到 2016 年的 27699966 万元，复合增长率达到 32%①。特别是 2015～2016 年度，随着国家对重点企业政策支持力度加大，企业经营收入和销售利润等都得以改善，从图 6 可以明显看出这一变化趋势。

分省（区、市）统计各年度销售收入情况，可以反映各省（区、市）

---

① 以一届为一期。

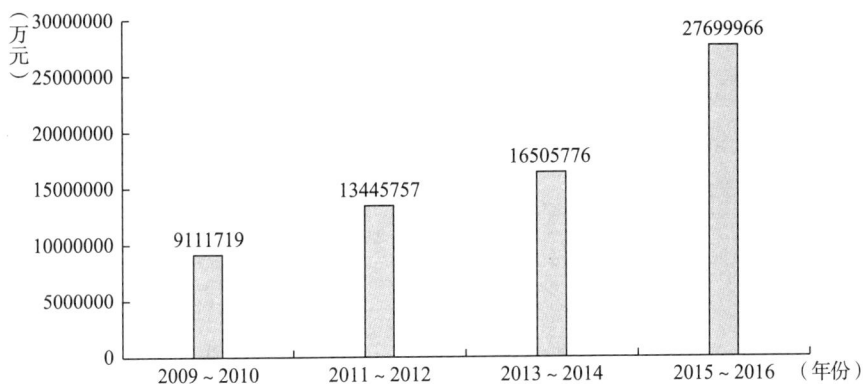

图 6　2009~2016 年重点企业销售收入情况

重点企业的实际经营能力。表 6 列出的是从 2009~2016 年共 4 届国家文化出口重点企业评选信息中提取的各省（区、市）国家文化出口重点企业销售收入情况。

表 6　2009~2016 年 30 个省（区、市）国家文化出口重点企业销售收入情况

单位：万元

省（区、市）	2009~ 2010 年	2011~ 2012 年	2013~ 2014 年	2015~ 2016 年	均值	方差
安徽	80171.44	40712.82	125452.94	100395.56	86683.19	35808.75
北京	209228.79	57512.36	28887.32	56990.35	88154.71	81816.31
福建	15810.37	24911.79	64880.87	26443.67	33011.67	21758.35
甘肃	32070.00	30091.56	1247.30	—	21136.29	17252.75
广东	20778.86	34894.35	28922.12	70279.84	38718.79	21821.57
广西	63387.33	13233.75	—	34447.67	37022.91	25175.77
贵州	—	—	562.00	—	562.00	—
海南	180.00	—	40897.98	1437.26	14171.75	23154.14
河北	3569.50	77343.85	9897.23	70572.56	40345.79	38996.26
河南	—	77825.71	4209.57	303317.16	128450.81	155847.72
黑龙江	514.50	15926.57	1525.93	1674.99	4910.50	7362.12
湖北	182980.70	83751.25	10020.06	42957.50	79927.38	75029.80
湖南	300.00	100046.20	7280.75	57569.90	41299.21	46740.90

续表

省（区、市）	2009 ~ 2010 年	2011 ~ 2012 年	2013 ~ 2014 年	2015 ~ 2016 年	均值	方差
吉林	10587.87	9207.29	1038.43	158820.39	44913.49	76054.77
江苏	23213.86	27674.87	394897.59	33511.19	119824.38	183430.61
江西	427200.00	154256.63	5143.38	11848.79	149612.20	197422.18
辽宁	59066.00	24098.71	7998.26	7766.81	24732.45	24132.00
内蒙古	—	—	2325.87	—	2325.87	—
宁夏	—	30108.00	—	—	30108.00	—
青海	—	37393.50	73353.00	59501.50	56749.33	18137.04
山东	121768.29	22620.44	7031.37	127398.58	69704.67	63728.79
山西	5187.60	3454.00	2423.39	6431.50	4374.12	1783.86
陕西	483.82	2555.89	3010.00	12192.15	4560.47	5205.25
上海	44446.63	30711.95	34635.75	83431.63	48306.49	24118.67
四川	716.00	16326.12	19186.92	18649.29	13719.58	8757.49
天津	753.45	19154.33	22128.45	18571.12	15151.84	9724.51
新疆	1525.00	5671.00	90.00	—	2428.67	2898.16
云南	60567.33	10277.13	408.97	17638.15	22222.90	26519.58
浙江	4300.96	75285.68	16402.54	46768.84	35689.50	31873.90
重庆	67518.72	6824.00	5077.39	78828.18	39562.07	39091.24

从表 6 中的数据可以看出，除部分省区缺少重点企业销售收入数据以外，大部分省（区、市）重点企业的销售收入均值达到 4 亿元以上，销售收入位居前三的省份分别是江西、河南和江苏。同样利用方差来分析重点企业销售收入的集中度，在排除缺少数据和销售收入规模较小的省（区、市）后，可以看出青海、福建、广东、上海、安徽等省市销售收入集中度较高，省市内企业的经营销售情况发展较为平均，江西、江苏、河南、北京等省市销售收入较为分散，省市内企业经营情况差异较大，具体情况如图 7 所示。

3. 企业纳税情况分析

重点企业的整体纳税情况如表 7 所示，从表 7 中的数据可以看出，尽

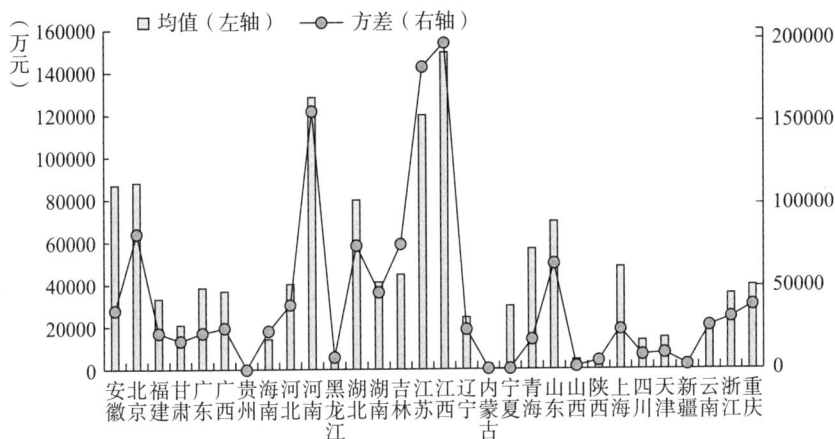

图7　2009~2016年30个省（区、市）销售收入情况

管重点企业固定资产和销售收入数据都有明显改善和提高，但是重点企业纳税总额并没有相应的提高，这与国家近些年对重点企业大力提供资金扶持，同时减免各项税收有一定关系。

表7　2009~2016年国家文化出口重点企业纳税情况

单位：万元

年份	2009~2010	2011~2012	2013~2014	2015~2016
纳税总额	1280935.97	602321.93	466779.57	1110243.30

　　分省（区、市）统计的国家文化出口重点企业纳税情况如表8所示，由于纳税额数据缺失较多，表格数据波动较大，总体上看固定资产或销售收入排名靠前的省（区、市），纳税额也更多，传统的经济大省（市）如山东、浙江、北京等纳税额也更多。

表8　2009~2016年30个省（区、市）国家文化出口重点企业纳税情况

单位：万元

省（区、市）	2009~2010年	2011~2012年	2013~2014年	2015~2016年
安徽	6943.49	1394.47	5258.52	1351.20
北京	8544.15	3240.69	2009.62	3749.29
福建	334.42	1697.45	4163.97	1599.56

省（区、市）	2009~2010 年	2011~2012 年	2013~2014 年	2015~2016 年
甘肃	1217.00	662.51	43.70	—
广东	696.93	1922.48	3101.60	3971.01
广西	2078.28	1061.71	—	2405.67
贵州	—	—	36.00	—
海南	9.00	—	73.33	18.50
河北	183.50	2247.17	327.61	1850.12
河南	—	3980.69	163.71	8810.10
黑龙江	18.00	685.54	37.19	61.19
湖北	7693.00	4494.00	844.17	3314.75
湖南	18.00	3161.86	250.81	2767.67
吉林	286.89	504.37	42.55	8191.00
江苏	1018.50	1038.98	426.10	909.46
江西	23800.00	3943.59	659.86	1255.38
辽宁	2508.00	963.51	311.35	446.11
内蒙古	—	—	3707.07	—
宁夏	—	2097.00	—	—
青海	—	393.50	1500.00	736.00
山东	121408.77	1461.15	493.44	1003.94
山西	292.00	296.46	118.55	485.84
陕西	31.01	75.14	64.67	469.30
上海	3853.71	1348.26	2611.28	2298.66
四川	31.00	1193.90	824.59	1553.73
天津	17.57	1439.24	1005.33	1123.42
新疆	—	677.00	5.00	—
云南	2749.33	324.19	18.11	601.32
浙江	15858.91	4033.17	4584.93	2205.13
重庆	3975.62	134.33	19.33	7780.79

4. 企业利润及利润率情况分析

国家文化出口重点企业利润情况如图 8 所示，与固定资产相一致，整体上看重点企业的利润稳步增加，特别是 2015～2016 年度盈利情况较为理想，实现了利润的大幅增加。

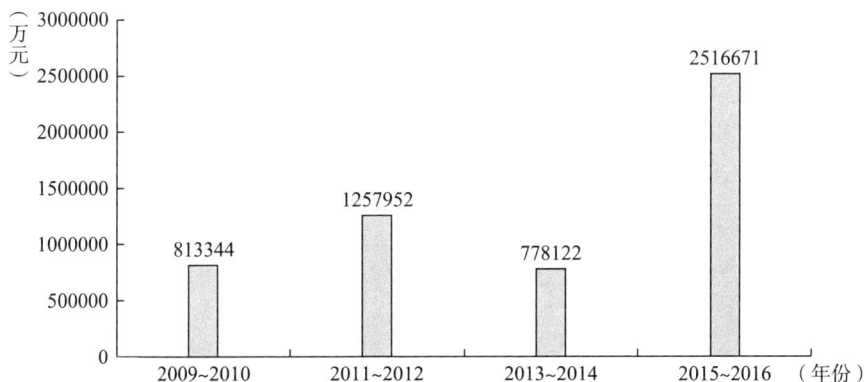

图 8　2009～2016 年重点企业利润情况

重点企业利润直接体现了企业的盈利能力，这也是反映企业实际市场竞争力的重要指标。表 9 按评选年份列出了部分重点企业利润及利润率均值情况，除了海南（2009～2010 年）、天津（2009～2010 年）、重庆（2011～2012 年）出现了重点企业利润为负值的情况外，大部分情况下各省（区、市）的重点企业都具备了盈利能力。

表 9　2009～2016 年 30 个省（区、市）国家文化出口重点企业利润及利润率均值情况

单位：万元，%

省(区、市)	2009～2010 年		2011～2012 年		2013～2014 年		2015～2016 年	
	利润	利润率	利润	利润率	利润	利润率	利润	利润率
安徽	35486.94	105.2	62110.34	12.5	114529.10	7.8	169093.41	30.7
北京	414231.10	14.1	203010.58	15.0	170528.52	3.7	897869.41	25.7
福建	75.43	-1.5	58656.26	9.9	84816.22	16.3	190723.59	12.9
甘肃	6798.00	21.2	14490.12	27.5	654.10	52.4	—	—
广东	16773.82	22.4	184897.25	7.5	162283.89	9.2	357191.14	3.6
广西	8884.98	10.8	6280.65	11.3	—	—	12845.00	10.5
贵州	—	—	—	—	68.00	12.1	—	—
海南	-310.00	-172.2	—	—	739.00	24.2	1070.72	40.7

续表

省（区、市）	2009～2010 年		2011～2012 年		2013～2014 年		2015～2016 年	
	利润	利润率	利润	利润率	利润	利润率	利润	利润率
河北	187.00	2.6	32392.06	6.8	13057.04	21.4	11100.74	7.8
河南	—	—	46147.43	28.7	4700.20	20.2	119660.80	5.7
黑龙江	182.00	57.8	8043.17	28.2	1798.82	8.1	5624.65	16.3
湖北	13391.00	13.1	32948.91	6.5	8842.56	15.8	12987.00	8.0
湖南	260.00	86.7	107469.21	11.4	12433.44	22.5	145450.75	8.8
吉林	4216.50	9.9	12264.75	16.4	176.18	5.9	26466.47	8.3
江苏	3579.42	12.3	90382.64	6.9	22646.00	7.3	228135.21	10.4
江西	25700.00	6.0	73685.53	7.8	4134.00	19.9	12279.37	5.6
辽宁	11906.00	53.3	141997.00	25.7	9456.80	32.7	10344.92	11.0
内蒙古	—	—	—	—	400.67	17.2	—	—
宁夏	—	—	3204.00	10.6	—	—	—	—
青海	—	—	6146.00	8.5	5558.00	7.6	9288.00	7.6
山东	28865.92	76.8	22699.83	5.6	5543.82	4.1	39841.27	5.8
山西	2382.38	21.9	1409.80	13.0	1477.74	7.1	3770.00	12.4
陕西	150.22	9.9	467.05	198.9	1032.74	16.8	3199.54	13.1
上海	174999.32	9.4	11393.21	−22.1	100100.24	19.9	129211.63	7.3
四川	968.00	49.6	12301.70	21.3	18939.88	10.6	11939.11	−5.3
天津	−33.09	−1.3	2066.64	1.6	7111.02	10.1	8909.54	2.2
新疆	—	—	568.00	10.0	85.00	94.4	—	—
云南	8310.00	5.4	245.97	6.7	185.90	12.5	502.06	6.2
浙江	43865.98	5619.4	124398.61	8.8	26700.14	725.7	95301.07	10.9
重庆	12473.00	7.6	−1725.00	−13.9	123.02	0.3	13865.43	3.2

图 9 显示的是 30 个省（区、市）利润总和的排名情况，从图中可以明显看出北京以远高于第 2 名的数额成为企业盈利最好的省级行政区，后面依次是广东、上海、安徽、江苏、福建等省（区、市）。

（六）企业人员情况分析

企业的发展离不开人才的支持，通过之前对重点企业的问卷调查发现

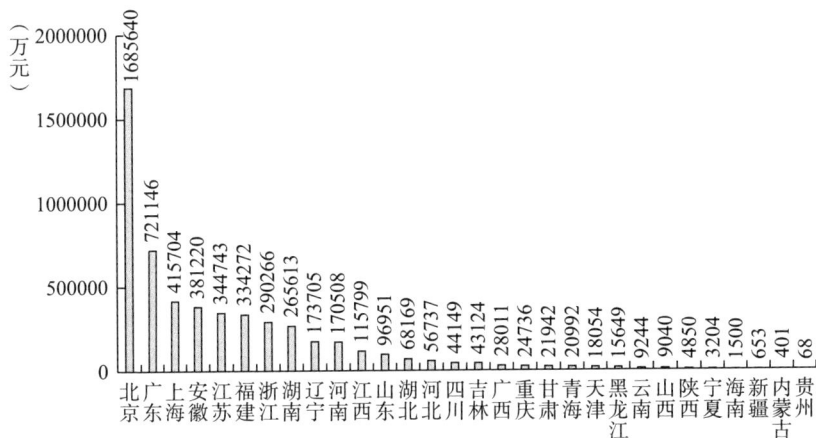

图9　2009~2016年30个省（区、市）利润总和排名

人才缺乏是重点企业发展所面临的重大问题。人员情况信息现阶段只有2011~2016年的申报数据，统计数据如表10所示。

表10　2011~2016年重点企业员工情况统计

单位：人

年份	在职员工	外籍员工	驻外员工	新招员工
2011~2012	290872	1650	13430	35161
2013~2014	162986	2107	7671	23423
2015~2016	358979	1135	2700	38052

从表10中的统计数据可以看出，重点企业职员工总数存在一定的波动，但是总体呈现上升趋势。入选重点企业的平均在职员工数为779人，从人员规模上来讲都达到了较高的水平，重点企业在提供就业岗位方面做出了一定的贡献。根据现有的统计数据对外籍员工、驻外员工和新招员工进行进一步分析可以发现，外籍员工和驻外员工人数总体呈现明显的下降趋势，这从一个侧面反映出国家文化出口重点企业在国际合作方面需要进一步提升和改进，特别是对国际化人才的管理和培养还需要投入更多的精力。新招员工人数的变化与在职员工人数的变化趋势基本一致，这也基本符合企业发展的规律。具体的变化趋势如图10所示。

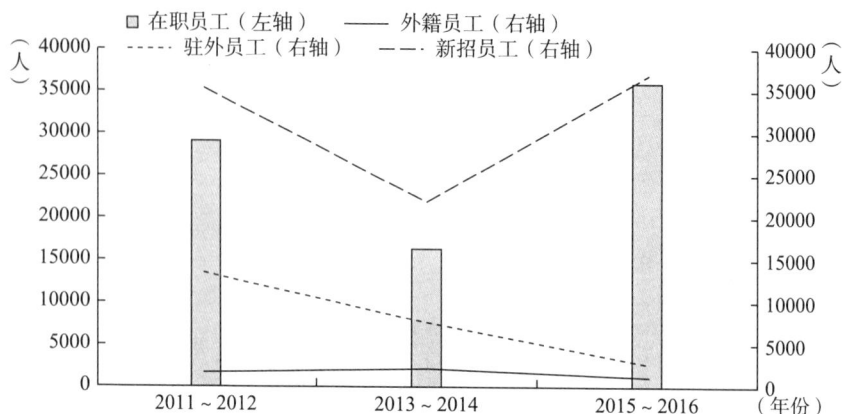

图 10　2011～2016 年重点企业人员情况变化

（七）企业出口情况分析

重点企业的出口情况能够更好地反映国家文化出口重点企业评选的意义与价值，表 11 列出了 2011～2014 年重点企业上报的文化产品出口额和文化服务出口额，以及签订的出口合同/协议数。

表 11　2011～2014 年重点企业出口统计

单位：万美元，份

年份	产品出口额	服务出口额	出口合同/协议数
2011	245306.35	168340.22	—
2012	121337.01	42706.85	20260
2013	80743.43	51368.97	31652
2014	79077.71	62387.58	24498

从表 11 中的数据可以看出，2011～2014 年产品出口额的总量呈现持续平稳下降趋势，服务出口额除 2011 年数据较大外，2012～2014 年不断增加。这说明我国文化出口重点企业正在经历从以文化产品出口为主向以文化服务出口为主的转变，说明我国文化服务业的国际竞争力正在不断提升，本民族核心文化价值正处于在对外文化贸易中不断发挥更大价值的历史阶段。图 11 呈现了产品出口额、服务出口额和出口合同/协议数的变化情况。

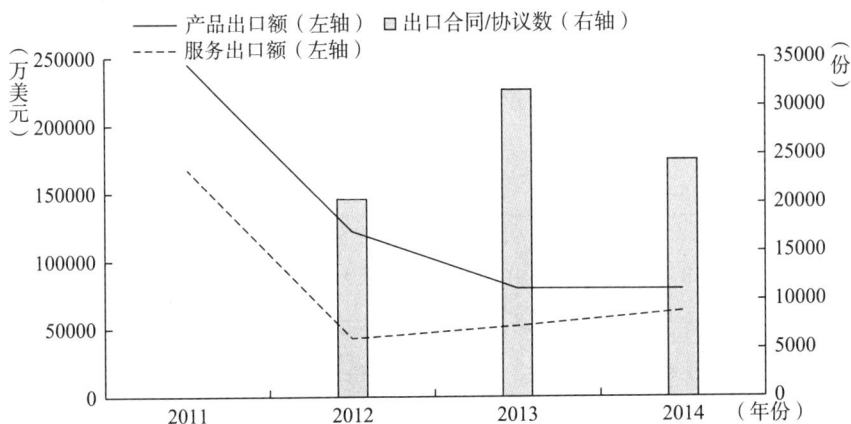

图 11 2011~2014 年重点企业出口情况

四 典型文化出口项目的发展现状

（一）典型文化出口项目的数据统计

本文以入选国家文化出口重点项目名单作为典型文化出口项目的样本数据来源。国家文化出口重点项目（简称"重点项目"）申报与认定工作从 2007 年正式开始，由于数据样本的缺失，重点项目基本概况及地理分布统计主要以商务部服贸司官方网站公开发布的 2009~2018 年五届重点项目数据为准。重点项目资金情况，则是根据重点企业上报的 2009~2016 年（4 届）国家文化出口重点项目申报数据进行统计分析，包括重点项目投资情况及资金来源。

（二）典型文化出口项目基本概况

与重点企业评选同步，2009~2018 年国家文化出口重点项目同样评选了五届，涉及项目 692 项次，各评选年份具体评选数量如表 12 所示。

表 12 2009~2018 年重点项目评选年份及评选数量

单位：项

年份	评选数量
2009~2010	215
2011~2012	106

年份	评选数量
2013～2014	123
2015～2016	140
2017～2018	108

从表 12 中的数据可以看出，2009～2010 年评选的重点项目数量最多，达 215 项，之后呈现波动下降趋势，2011～2012 年以及 2017～2018 年评选的重点项目数量较少。图 12 显示了各年份国家文化出口重点项目评选数量的变化趋势。

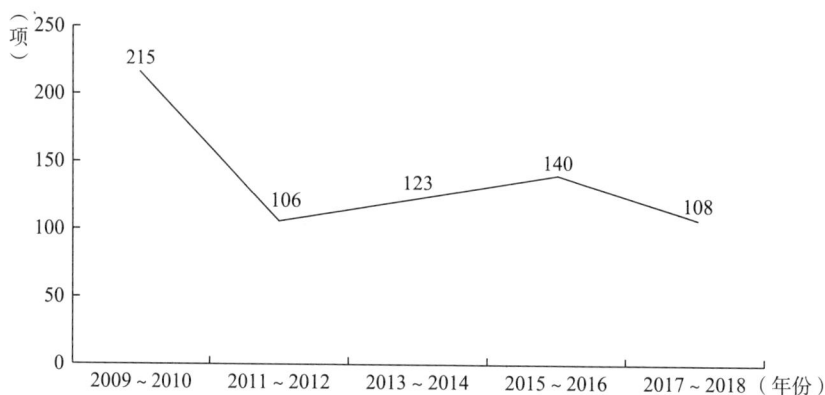

图 12　2009～2018 年国家文化出口重点项目评选数量

重点项目实际上榜项目为 638 项，其中有 599 项重点项目仅入选 1 次，27 项入选 2 次，10 项入选 3 次，入选 4 次和 5 次的重点项目分别只有 1 项，具体分布如图 13 所示。

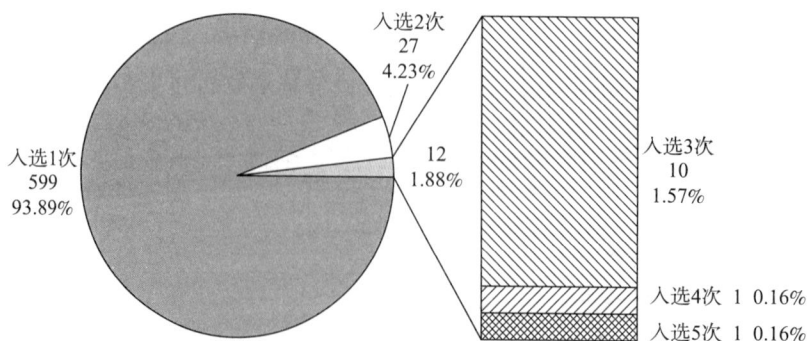

图 13　2009～2018 年重点项目的入选次数分布

　　另外，能够连续多次入选重点项目目录，说明这些项目具有很好的发展持续性，连续入选的重点项目如表 13 所示。其中，北京的重点项目占比最多，上海、广东、山东等地区连续入选的重点项目数量紧随其后。

表 13　2009～2018 年连续入选重点项目次数及所在省（区、市）统计

单位：次

重点项目名称	入选次数	所在省（区、市）
中国电视长城平台	5	北京
北京国际图书博览会	4	北京
国家对外文化贸易基地	3	上海
汉雅星空 IPTV 中华文化海外传播项目	3	北京
黄梅挑花	3	湖北
美国布兰森白宫剧院经营管理项目	3	北京
上海文化贸易语言服务基地	3	上海
上海艺术博览会	3	上海
英国普罗派乐卫视运营项目	3	北京
中国（福建）图书展销会	3	福建
中国电影海外推广、销售、服务平台	3	北京
中央电视台国际视频发稿平台	3	北京
"阅读上海"中文图书全球联展	2	上海
《山东侨报》境外发行及外文版发行	2	山东
CATV 国际立体电视台运营项目	2	北京
ICN 北美电视春节晚会	2	北京
出版物国际数字传播平台	2	山东
佛山彩灯	2	广东
国域无疆美国公司运营项目	2	辽宁
华强文化科技主题公园	2	广东
基于 4K 分辨率的胶片修复项目	2	天津
蓝海融媒体全球传播云平台	2	北京
尼山书屋"走出去"工程	2	山东
青少年图书"简转繁"项目	2	安徽
人民卫生出版社美国分公司	2	北京
实用广绣出口	2	广东

续表

重点项目名称	入选次数	所在省（区、市）
斯里兰卡科伦坡莲花电视塔建设工程	2	北京
天津中新药业非物质文化遗产中医药出口项目	2	天津
系列纪录片《寻踪马可波罗：从历史走入现代》	2	北京
央视网海外镜像站点建设	2	北京
与 SinoVision 合作运营中文和英文频道项目	2	上海
云南七彩美伊民族工艺品生产营销基地项目	2	云南
杂技剧《花木兰》	2	重庆
中国（广州）国际纪录片节	2	广东
中国昆曲海外演出	2	江苏
中国上海国际艺术节演出交易会	2	上海
中国学术期刊网络出版总库	2	北京
中央电视台国际频道海外落地推广	2	北京
驻柬埔寨暹粒大型旅游演艺项目《吴哥的微笑》	2	云南

（三）国家文化出口基地与文化出口重点项目

2009～2018 年，13 家国家文化出口基地内入选重点项目总计 101 项次，十年间每届入选项目数量总体呈平稳态势，每届入选重点项目数量维持在 20 项左右。同期基地内入选重点项目数量全国占比则波动提升，从 2009～2010 年的 7.9% 跃升至 2017～2018 年的 19.4%，具体变化情况如图 14 所示。

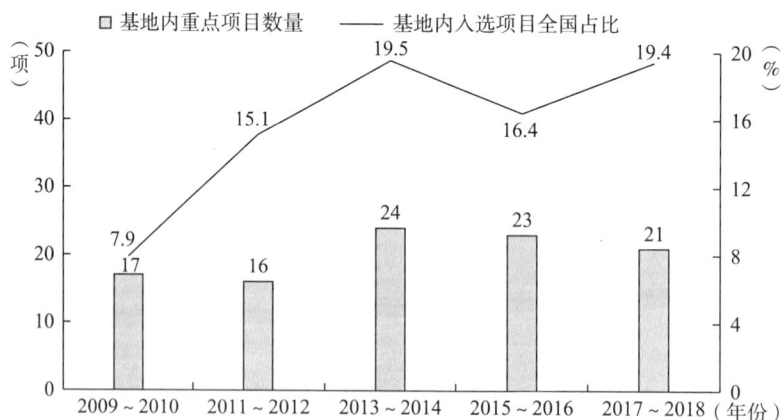

图 14　2009～2018 年国家文化出口基地内入选重点项目情况

各基地入选国家文化出口重点项目的详细数量如表14所示，其中云南省昆明市国家文化出口基地以10年入选27项重点项目的成绩名列前茅，这与云南地区丰富的民族文化资源和独特的地理位置有很大关系。

表14　2009～2018年基地内入选重点项目数量统计

单位：项

国家文化出口基地	2009～2010年	2011～2012年	2013～2014年	2015～2016年	2017～2018年	总计
安徽省合肥市蜀山区国家文化出口基地	4	4	6	2	2	18
福建省厦门自贸片区国家文化出口基地	0	0	4	1	1	6
广州市天河区国家文化出口基地	3	0	1	1	1	6
湖南省长沙国家文化出口基地	5	0	0	3	3	11
江苏省无锡国家文化出口基地	0	1	1	2	1	5
陕西省西安高新技术开发区国家文化出口基地	0	0	0	2	0	2
上海徐汇区国家文化出口基地	1	3	2	3	3	12
四川省自贡市国家文化出口基地	1	2	0	1	1	5
云南省昆明市国家文化出口基地	0	3	9	7	8	27
浙江省国家文化出口基地建设主体（西湖区）	3	3	1	1	1	9

（四）文化出口项目的地理分布

分析重点项目的地理布局，可以发现这十年间除江西省外，其他省、直辖市和自治区都有项目进入重点项目目录。其中北京市入选国家文化出口重点项目的次数最多，达到230次（约占总次数692次的1/3），可以看出北京作为全国政治文化中心在文化出口项目方面占据了极为重要的地位。浙江（69次）、上海（54次）、安徽（41次）、江苏（36次）、广东（34次）的入选次数紧随北京之后。江西省入选次数为0，除此之外，西藏、青海、新疆各有入选重点项目1次，海南、陕西各有2次。从地理分布的结果可以看出，首都和沿海经济发达地区不仅文化企业资源丰富，在文化项目的开发上也领先于国内其他地区，中西部地区在对外出口文化项目上的发展还有所欠缺。

另外，从不同时间阶段的重点项目的地理分布情况来看，除首都和长江中下游地区一直保持较为强势的发展势头外，随着时间的推移，中西部地区也展现出良好的发展势头，很多省（区、市）经历了从无到有的发展过程，这也说明中西部地区在国家文化出口重点项目的申报过程中，仍旧有较大潜力可挖掘。

（五）文化出口项目资金情况分析

本文统计了2009~2016年共计4届国家文化出口重点项目名录数据，各届重点项目分类如表15所示。从数量分布上看，公共服务平台类重点项目数量最多，即搭建的文化产品和服务的出口平台或辅助性平台项目数量最多，广播影视和新闻出版类项目数量其次且总体呈现下降趋势，文化遗产类重点项目数量较少但是总体呈现增加趋势，说明国家文化出口重点项目依托我国传统文化资源实现对外传播的情况得到很好的发展。

表15 2009~2016年国家文化出口重点项目分类

单位：项

年份	新闻出版	表演艺术	广播影视	文化遗产	公共服务平台	其他项目	总计
2009~2010	63	28	74	4	—	5	174
2011~2012	17	6	2	14	63	—	102
2013~2014	2	5	7	2	63	5	84
2015~2016	13	8	23	24	108	9	185
合计	95	47	106	44	234	19	545

1. 项目投资情况分析

重点项目的投资情况反映了项目规模的大小，对现有数据的统计结果表明，2009~2014年重点项目投资额均值呈现缓慢上升趋势，2013~2014年度投资额均值最高为7286.43万元。图15显示的是2009~2016年重点项目投资额均值的变化，图中的数据表明随着时间的推移，国家文化出口重点项目对资金的需求总体越来越多，8年间总体投资额中位数为5046万元，投资额规模不断扩大。

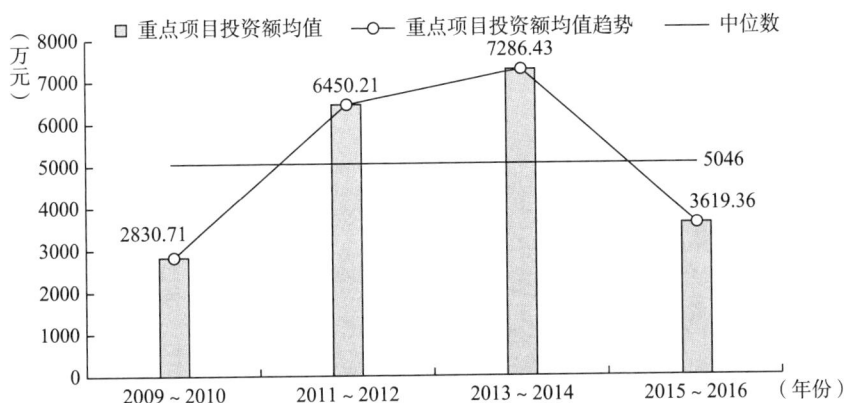

图 15　2009～2016 年重点项目投资额均值

2. 项目资金来源分析

对重点项目资金来源进行分析，可以更好地掌握重点项目的资金状态，表 16 显示了重点项目的资金来源情况。资金来源占比除 2011～2012 年度有较大波动外，其他年度资金来源占比较为平稳，即重点项目实施过程中，项目单位的资金来源比较固定，后续应该为企业提供尽可能多的资金来源选项，减轻企业资金方面的压力。

表 16　2009～2016 年重点项目资金来源

单位：万元，%

年份	自有资金	占比	银行贷款	占比	其他资金	占比
2009～2010	1988.34	68.5	625.61	21.5	290.16	10.0
2011～2012	2925.37	42.9	1160.64	17.0	2735.90	40.1
2013～2014	4433.38	70.5	913.45	14.5	942.77	15.0
2015～2016	2150.26	66.0	609.53	18.7	497.67	15.3

（六）项目输出国家分析

对重点项目的推广目标市场进行词频分析的结果表明，在中国大陆以外，欧洲、东南亚、中国港澳台、北美等地区仍旧是重点项目推广的主要目的地。如图 16 生成的词云所示，国家或地区名称的大小代表了其在推广目标中出现频率的多少。另外，除了传统的文化出口对象国或地区以外，非洲国家、中东地区国家大量出现，尽管绝对数量不足以和传统贸易伙伴相比，但是从一个侧面说明非洲和中东地区正在成为重点项目出口重要的目的地。

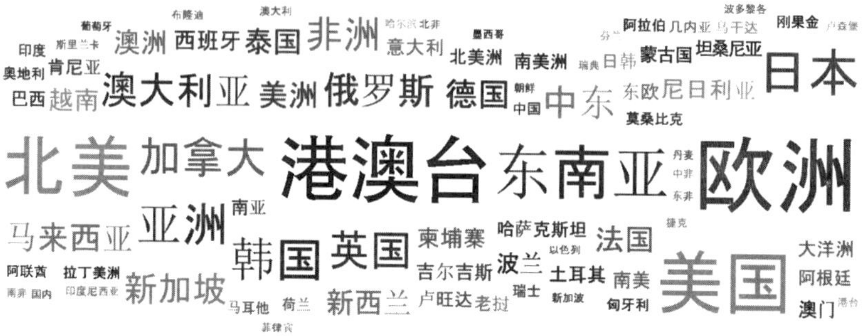

图 16　重点项目的目的市场词云

五　总结

通过上述对典型文化贸易企业和文化出口项目样本数据的分析，可以看出当前我国文化贸易企业和文化出口项目更多的还是集中于直辖市和沿海经济发达地区，特别是北京、上海、江苏、浙江和广东等省市聚集了更多的文化资源和国际化推广资源。与之相对应的是内陆及西部省（区、市）在文化贸易企业和文化出口项目分布上仍旧处于弱势地位，但同时文化出口项目也呈现从沿海省市向内陆及西部省（区、市）延伸的趋势，内陆及西部地区深厚的历史人文底蕴使文化出口项目在推广方面有更多可供挖掘的文化资源，因此未来在对外文化贸易领域中，可以深挖不同地域的文化资源潜力，打造更多具有国际影响力和竞争力的文化贸易企业和文化出口项目。

在资金、利润、人员等方面，沿海省市同样占有更大的贸易优势，而内陆和西部省（区、市）在不同维度上都呈现出较低的水平，可以看出文化贸易企业和文化出口项目的发展与地区经济发展整体水平也是密切相关的。在后续文化贸易企业和文化出口项目的培育方面，也对中西部省（区、市）提出了更高的要求，一方面需要这些省（区、市）充分挖掘各地极具特色和代表性的文化资源，打造独特而富有吸引力的文化产品及服务，另一方面也需要从国家层面对文化贸易发展薄弱地区的文化贸易企业和文化出口项目的建设工作提供更多的政策扶持和资金支持。

在文化贸易企业的对外出口方面，一方面，企业出口金额出现了较大程度的下滑，这与我国文化贸易企业自身的国际竞争力偏弱，以及近些年日益恶化的外部国际环境有一定关系，但自身实力的不足仍旧是主要因素，也是文化贸易企业需要正确面对和重视的；另一方面，文化服务出口已经早于文化产品出口呈现稳步上升的趋势，文化服务出口更加强调文化内涵，且不易受到国际贸易竞争中负面因素的影响，更加便于实现文化的有效输出，因此对于文化服务出口领域应继续加大扶持力度。

在文化出口项目的输出目的地的分析上，我国大陆传统的贸易伙伴如欧洲、美洲、中国港澳台、东南亚等仍旧是主要的输出对象，但随着"一带一路"倡议的推进，中东和非洲地区正在成为新兴的文化出口项目输出地区，而这些地区对中国文化的友好度更高，也更加有利于巩固中国的文化出口优势，因此积极把握共建"一带一路"国家的文化出口市场，对促进我国文化贸易的海外发展是有积极意义的。

中国西部地区旅游服务贸易发展研究[*]

黄　毅　刘杨星[**]

摘　要： 我国西部地区是少数民族集中的区域，拥有天然的区位优势、丰富多样的旅游资源，近年来其国际旅游人次及国际旅游外汇收入实现了大幅增长，然而与东部等发达地区相比，该区域旅游服务贸易发展水平还存在巨大差距。本文通过对西部地区旅游服务贸易进行定性和定量分析，发现该区域旅游服务贸易发展水平较低，区域内旅游服务贸易存在一定差异。为此，西部地区要在充分利用自身优势的前提下，夯实旅游文化建设，树立旅游品牌，提供人才智力支撑及改善旅游内外环境，进而促进并协调该区域旅游服务贸易和当地经济发展。

关键词： 旅游服务　服务贸易　西部地区

一　引言

我国西部地区包括陕西、四川、云南、贵州、广西、甘肃、青海、宁夏、西藏、新疆、内蒙古、重庆等省份，该区域经济发展相对落后，资源利用效率低，区域间经济发展不平衡，差距较大。例如，2018 年全国人均

* 本文为国家社会科学基金项目"沿边开放背景下西部边境民族地区小城镇集群建设问题研究"（项目编号：13BMZ013）和国家民委"一带一路"国别和区域研究东南亚研究中心项目"'一带一路'下云南省与南亚、东南亚国家人文交流探索"（项目编号：SE2019X01）研究成果。
** 黄毅，西南民族大学经济学院教授，主要研究领域为国际贸易；刘杨星，西南民族大学经济学院硕士研究生。

GDP 是 64644 元，西部地区最低的甘肃省只有 31336 元，仅为全国平均水平的 48.5%；同年的城乡居民可支配收入，全国平均为 28228 元，东部地区为 38671 元，西部地区只有 21598 元，只有全国的 76.5%，仅为东部的 55.9%。只有加快西部地区经济发展，才能实现党的十九大报告中明确提出的到 21 世纪中叶基本实现全体人民共同富裕的奋斗目标。

我国西部地区拥有辽阔的地域、多样的地理环境、丰富的民族文化，资源十分丰富，旅游开发潜力很大。西部地区通过大力发展旅游服务贸易，有望实现经济快速发展。本文通过对西部地区旅游服务贸易发展的研究，希望该地区能抓住"一带一路"倡议的发展契机，充分利用西部丰富的旅游资源，提高"丝绸之路经济带"入境旅游市场效率，提升西部地区旅游产业竞争力，实现西部地区协调可持续发展。

二 文献综述

在少数民族地区经济发展机遇的研究上，朱显平等在"丝绸之路经济带"的交通基础设施和运输物流服务不断完善的前提下，提出建设中国—中亚经济发展带的构想，进一步推动区域经济一体化，为发展少数民族经济提供机遇。[①] 周真刚认为"一带一路"倡议开拓了西部地区经济发展的地理空间，使西部地区从"边缘位置"变成"中心枢纽"，成为新一轮西部大开发的经济发展中心区;[②] 张学鹏等运用主成分分析法分析了西部地区经济开放特征，并采用 1987～2013 年西部省际面板数据分析得出经济开放对经济增长影响为正，但作用较小;[③] 郑长德从贸易流（对外贸易）、资金流（利用外资）和人员流（国际旅游）方面分析西部地区对外开放的发展，认为应以西部地区全方位开放为着力点实现西部地区动力转换、结构

---

① 朱显平、邹向阳:《中国—中亚新丝绸之路经济发展带构想》,《东北亚论坛》2006 年第 5 期，第 3～6 页。

② 周真刚:《从"支援边缘"到"自生中心"——"一带一路"视域下西部大开发的经济地理空间》,《广西民族研究》2017 年第 4 期，第 166～173 页。

③ 张学鹏、曹银亮:《"一带一路"前景下经济开放与西部地区经济增长》,《宁夏社会科学》2016 年第 3 期，第 81～89 页。

升级和共享发展。①

　　在研究西部地区旅游服务贸易对外开放方面，杨竹节认为，发展西部优势产业可以为西部开发提供资本，而旅游服务贸易正是西部具有绝对优势的产业，是西部大开发的引擎；② 马梅芳运用 Eview6.0 软件实证分析了青海省在 1988～2011 年的国际旅游外汇收入与该省 GDP 的关系，并运用误差修正模型对青海省旅游服务贸易的发展与该省的经济增长进行协整分析，发现虽然青海省的国际旅游外汇收入对经济增长的贡献不大，但是两者存在长期稳定的关系。③ 自"一带一路"倡议提出以来，唐睿等借助 DEA—面板 Tobit 方法对 2000～2014 年"丝绸之路经济带"西北五省区入境旅游市场效率进行研究，发现各省区存在较大差异，入境旅游人次增加、产业结构改善对入境旅游市场效率有促进作用且对不同省区的作用大小不同，而货物贸易的发展则有抑制作用；④ 王淑新等采用 2000～2012 年西部地区旅游服务贸易的面板数据进行实证分析，并运用收敛理论分析得出西部地区较为落后省域的旅游产业对外开放水平的提高对旅游服务贸易的均衡化发展具有促进作用，而在较为发达的省域内提高对人力资本的投入会扩大其与较落后省域在旅游服务贸易发展上的不均衡。⑤

　　纵观已有的研究发现，当下学者针对西部地区旅游服务贸易产业细化的研究较少。此外，将西部地区作为整体与东部等发达地区相比，对旅游服务贸易进行定量分析的文章也比较少。本文采用时间序列分析法和对比分析法，利用历年来的旅游数据对我国西部与东部、中部、东北及全国的

① 郑长德：《开放带动："一带一路"建设与西部地区的经济发展》，《南开学报》（哲学社会科学版）2017 年第 3 期，第 40～49 页。
② 杨竹节：《西部大开发的引擎：国际旅游服务贸易》，《江西社会科学》2003 年第 1 期，第 111～112 页。
③ 马梅芳：《青海入境旅游与经济增长关系的协整分析》，《旅游纵览》（行业版）2013 年第 6 期，第 164～166 页。
④ 唐睿、冯学钢、周成：《"丝绸之路经济带"入境旅游市场效率研究——基于西北五省（区）DEA—面板 Tobit 的实证》，《旅游管理》（旅游市场版）2017 年第 10 期，第 42～52 页。
⑤ 王淑新、何红：《西部地区入境旅游经济收敛及影响因素研究》，《陕西理工学院学报》（社会科学版）2015 年第 1 期，第 85～90 页。

旅游服务贸易发展状况进行多维度分析，最后提出加快西部地区旅游服务贸易发展的相应对策建议。

三 西部地区旅游服务贸易发展现状

当今世界已步入服务贸易时代，服务贸易已成为助推经济增长的优势新动能。服务贸易与货物贸易相比，具有科技含量高、附加值大、环境污染少、解决就业强等优点。西部地区是我国大部分少数民族集中的区域，该区域具备民族特色和文化特色。根据当地经济发展的实际情况和资源禀赋，发展该区域服务贸易特别是旅游服务贸易，对于产业结构优化、经济增长方式转换、实现共同富裕具有重大的现实意义。

（一）西部地区旅游资源概况

西部地区的旅游资源丰富多彩，既有特色鲜明的自然景观，也有历史悠久的历史人文景观，资源类型全面、垄断性强。该区域占全国国土面积的70%以上，地域辽阔，地理条件复杂，气候分布明显，地貌类型丰富，动植物种类齐全。从自然景观来看，有世界闻名的喜马拉雅山、高原圣湖、羌塘野生动物园、大漠戈壁，还有黄土高原、广阔的牧场、祁连山的冰川、九曲黄河、长江三峡等。从人文景观来看，有举世闻名的秦兵马俑、敦煌莫高窟、万里长城遗址、轩辕黄帝陵、古丝绸之路，还有布达拉宫大昭寺、塔尔寺宗教文化场所等。

西部地区是我国少数民族聚居的地区，在我国55个少数民族中，有近50个少数民族世代居住在该区域，民族文化和民俗风情绚丽多彩，具有鲜明的地域性、民族性、多元性特征。极具魅力的传统文化凝聚的人文资源，形成了西部富有鲜明特色的文化圈：以黄河流域为中心的历史文化悠久古朴的黄土高原文化圈，富有异域特色的西北地区伊斯兰文化圈，热情奔放的北方草原文化圈，以天山南北为核心的具有东西合璧之美的西域文化圈，以青藏高原为中心的具有凝重神秘特色的藏文化圈，长江三峡流域和四川盆地融为一体的巴蜀文化圈，以及充满欢乐的云贵高原和向东延伸的滇黔文化圈等。

西部地区发展旅游服务贸易还具有良好的地缘优势，与 11 个国家接壤，包括俄罗斯、蒙古国、哈萨克斯坦、塔吉克斯坦、阿富汗、巴基斯坦、印度、尼泊尔、缅甸、老挝和越南。而且西部地区与毗邻的国家在语言、文化、风俗习惯以及宗教信仰等方面有一些相同之处，发展旅游服务贸易具有一定的优势。

（二）西部地区旅游服务贸易发展状况的定量分析

1. 西部地区国际旅游外汇收入不断增长

2007～2017 年，西部地区国际旅游外汇收入从 2007 年的 40.03 亿万美元增长至 2017 年的 134.78 亿万美元。受 2008 年汶川地震的影响，四川省的国际旅游外汇收入在 2008 年出现下滑，从 2007 年的 5.12 亿万美元下降至 2008 年的 1.54 亿万美元，从而导致西部地区国际旅游外汇收入从 2007 年的 40.03 亿万美元下降至 2008 年的 37.63 亿万美元，之后西部地区的国际旅游外汇收入不断增长（见图 1）。

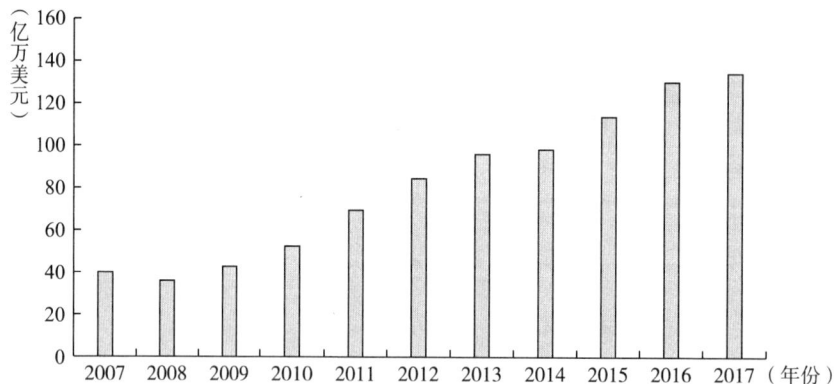

图 1　2007～2017 年西部地区国际旅游外汇收入情况

资料来源：根据 2007～2018 年西部地区十二个省区市的统计年鉴计算所得。

2. 西部地区接待国际游客人次呈波动上升趋势

2007～2017 年，西部地区接待国际游客人次从 2007 年的 1108 万人次增长至 2017 的 2475 万人次，其间，接待国际游客人次波动上升（见图2）。同样是受汶川地震的影响，西部地区 2008 年接待国际游客人次有所下降，但 2009 年后回升。而在 2013 年由于中日关系紧张，加上人民币快速升值，国际旅游入境人数下降，入境旅游市场不景气，西部地区各省区市的入境旅游人次均有所下降。2013 年 9 月 "一带一路" 倡议正式提出，同时得益于基础设施等互联互通的便利，从 2014 年起，西部地区入境旅游人次又开始出现上升的趋势。

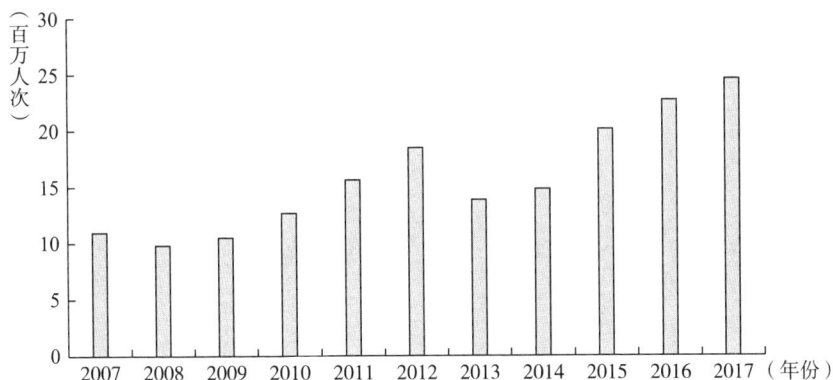

图 2 2007～2017 年西部地区接待国际游客人次

资料来源：根据 2007～2018 年西部地区十二个省区市的统计年鉴计算所得。

3. 西部地区中广西、云南、西藏、陕西、内蒙古旅游服务贸易竞争力较强

我们用显示性比较优势指数（RCA）来分析西部十二个省区市的旅游服务贸易竞争力情况。显示性比较优势指数是由美国经济学家 Balassa 在 1965 年提出的用于测度一国或某地区某种产品或产业在国际市场中竞争力强弱的指标，具体的计算公式为：

$$RCA = \frac{X_{ij}/X_i}{X_j/X}$$

在该研究背景下，X_{ij} 表示 i 地区中 j 产品的出口额，也就是 i 地区的国际旅游外汇收入；X_i 为 i 地区的出口总额；X_j 表示 j 产品在全国的出口额，也就是全国的旅游服务贸易出口总值；X 表示全国的出口总值。若 $0.8 \leq RCA \leq 1.25$，表明该地区该产品的出口占本国该产品出口的比重与其他省区市的比重接近，无明显比较优势；若 $1.25 \leq RCA \leq 2.5$，表明该地区该产品的出口占本国该产品出口的比重高于其他省区市，具有较强的竞争力；若 $RCA > 2.5$，表明该地区该产品的出口比重明显高于其他省区市，具有很强的比较优势和竞争力；若 $RCA < 0.8$，表明该地区该产品的出口

比重明显低于其他省区市，不具备比较优势甚至倾向于比较劣势。通过上式可以测算出西部地区十二个省区市在全国范围内的显示性比较优势指数，也就能够体现出西部地区十二个省区市的旅游服务贸易出口比较优势的具体程度。

从表 1 可以看出，近五年来，四川、重庆、贵州、青海的比较优势指数勉强维持在 1 左右，说明其旅游服务贸易出口相较于我国其他省区市无明显比较优势；甘肃、宁夏、新疆的比较优势指数 2014 年以来很少突破 0.8，说明其旅游服务贸易出口相对于我国其他省区市而言竞争力比较弱；而广西、云南、西藏、陕西、内蒙古的显示性比较优势指数基本高于 2.5，说明其旅游服务贸易出口相对于我国其他省区市而言竞争力比较强。也可以看出，西部地区各省区市的旅游服务贸易出口竞争力存在一定差异。

表 1　2007～2017 年西部地区十二个省区市旅游服务贸易出口的
显示性比较优势指数

年份	广西	重庆	四川	贵州	云南	西藏	陕西	甘肃	青海	宁夏	新疆	内蒙古
2007	3.65	2.74	1.92	2.85	5.83	13.37	4.23	1.36	1.43	0.09	0.46	5.98
2008	3.20	3.07	0.46	2.40	7.89	1.54	4.79	0.39	0.95	0.09	0.27	6.27
2009	2.60	4.26	0.69	2.76	8.81	7.11	6.56	0.58	2.08	0.20	0.42	8.18
2010	3.22	3.60	0.72	2.59	6.67	5.15	6.27	0.35	1.68	0.20	0.55	6.92
2011	3.66	2.11	0.89	1.96	7.36	4.75	7.97	0.35	1.74	0.17	1.20	6.20
2012	3.72	1.36	0.93	1.53	8.74	1.42	8.30	0.28	1.50	0.15	1.28	8.75
2013	3.54	1.16	0.78	1.25	6.60	1.67	7.67	0.20	1.07	0.22	1.23	11.00
2014	2.91	0.96	0.86	0.90	5.80	3.10	5.71	0.09	0.99	0.19	0.95	7.06
2015	1.50	0.58	0.78	0.51	3.79	6.60	2.97	0.05	0.52	0.15	0.70	3.74
2016	1.81	0.80	1.09	1.02	5.14	7.92	2.84	0.09	0.62	0.31	0.64	4.98
2017	1.72	0.92	0.78	2.41	3.96	9.20	2.22	0.25	1.82	0.21	0.93	5.15

资料来源：根据 2007～2018 年西部地区十二个省区市的统计年鉴计算所得。

2007～2017 年，我国西部地区旅游服务贸易出口的显示性比较优势指数维持在 1～3.0（见图 3），说明西部地区整体的旅游服务贸易出口与国内其他地区相比具有一定的比较优势。

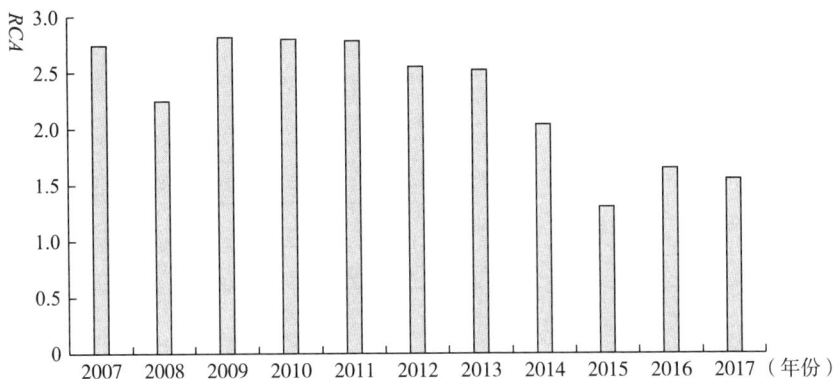

图 3　2007~2017 年西部地区旅游服务贸易出口的显示性比较优势指数

资料来源：根据 2007~2018 年西部地区十二个省区市的统计年鉴计算所得。

4. 入境旅游客源结构质量有所提升

对某一地区入境旅游客源结构质量进行入境港澳台游客与入境外国游客结构分析，并设计入境游客客源质量指数 Q 值，指某年份某地区港澳台游客占当年全部入境游客的百分比 QI 与某年份某地区外国游客占当年全部入境游客的百分比 QF 之商，表达式如下：

$$Q = \frac{QI}{QF}$$

其中，当 $Q > 1$ 时，表明入境游客中港澳台游客占比大于外国游客占比，入境旅游客源结构质量较低；当 $Q = 1$ 时，表明入境游客中港澳台游客占比等于外国游客占比；当 $Q < 1$ 时，表明入境游客中港澳台游客占比小于外国游客占比，入境旅游客源结构质量较高。

利用国家统计局收录的接待入境过夜游客的数据计算得出 2007 年西部、东部、中部以及东北地区的 Q 值分别为 0.59、0.81、0.49、0.13；2017 年的 Q 值分别为 0.46、1.2、0.72、0.20（见表 2）。表明相对其他地区而言，2007 年西部地区入境游客中港澳台游客占比较大，而十年后的 2017 年，港澳台游客占比相对较小，游客结构质量有所提升。

表 2 2007、2017 年中国各地区 Q 值

		全国	西部	东部	中部	东北
2007 年	外国游客（百万人次）	43.31	6.99	28.88	3.95	3.49
	港澳台游客（百万人次）	29.78	4.09	23.31	1.92	0.46
	Q 值	0.69	0.59	0.81	0.49	0.13
2017 年	外国游客（百万人次）	62.57	16.94	32.85	8.35	4.43
	港澳台游客（百万人次）	54.01	7.81	39.28	6.04	0.88
	Q 值	0.86	0.46	1.2	0.72	0.20

资料来源：根据 2007~2018 年中国各省区市的统计年鉴计算得出。

四 西部地区旅游服务贸易发展面临的挑战

（一）旅游服务贸易总量较低，与东部差距较大

我国西部地区的旅游服务贸易总量还比较低，这与经济发展状况有关，我国四大区域的旅游服务贸易存在明显的发展不均衡的特点。东部地区经济较发达，经济基础相对雄厚，从图 4 可以看出，东部地区为中国旅游服务贸易主要出口地区，2017 年国际旅游服务贸易外汇收入为 553.4 亿美元，占全国的 68.24%；同年接待国际游客 7213 万人次，占全国的61.87%。而广大的中西部及东北地区的国际旅游服务业起步较晚，其中，西部地区旅游服务贸易外汇收入为 146.78 亿美元，占全国的 18.1%；接待国际游客 2475 万人次，占全国的 21.23%。

（二）西部地区旅游服务贸易发展区域内不平衡

中国旅游服务贸易发展的不平衡不仅体现在各区域之间，也体现在区域内部各省区市之间。如在 2017 年的西部地区十二个省区市中，旅游服务贸易发展最具规模的是云南省，其国际旅游服务贸易外汇收入为 35.5 亿美元，占西部地区的 24.19%，接待国际游客 668 万人次，占西部地区的26.99%；同年旅游服务贸易发展规模最小的是甘肃省，其旅游服务贸易外汇收入为 0.21 亿美元，占西部地区的 0.14%，接待国际游客人次 8 万人次，占西部地区的 0.32%（见图5）。

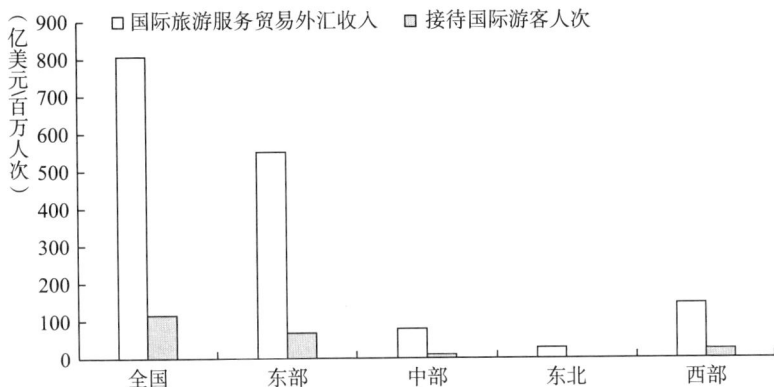

图4　2017年中国四大区域国际旅游外汇收入及接待国际游客人次

资料来源：根据2007~2018年中国各省区市的统计年鉴计算得出。

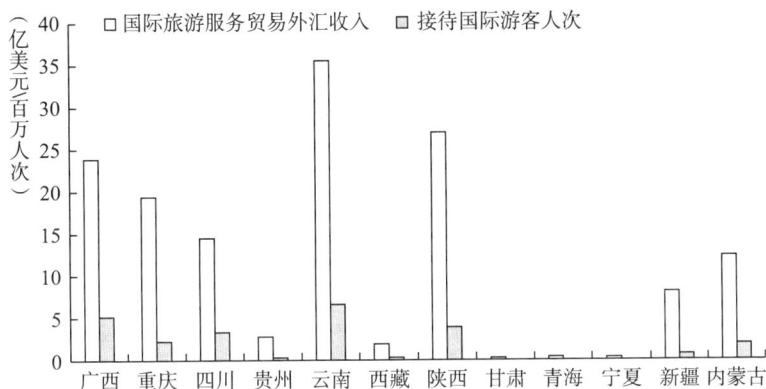

图5　2017年西部地区十二个省区市国际旅游外汇收入及
接待国际游客人次

资料来源：根据2018年西部地区十二个省区市的统计年鉴计算得出。

（三）西部地区旅游服务贸易基础设施建设有待提升

1. 高铁、高速公路建设与东部地区差距明显

良好的交通设施是旅游服务贸易发展的基础。旅游交通有航空、海上、内河、陆路运输等，旅游者主要是根据旅程的距离和是否安全、迅速、准时、方便、舒适进行选择。作为国际旅游的主要交通工具，高铁的建设情况是影响和制约旅游服务贸易发展的重要因素。西部地区的高铁建设成本和运营成本都比较高，高铁建设相对滞后。我国目前基本建成的重点铁路网实现的"四纵四横"等客运专线，主要是以经济发达和人口稠密地区的城际客运系统为主。如"四纵"客运专线是北京—上海客运专线；北京—武汉—广州—深圳客运专线；北京—沈阳—哈尔滨（大连）客运专线；上海—杭州—宁波—福州—深圳客运专线。"四纵"里没有西部地区十二个省区市的踪影。"四横"客运专线：徐州—郑州—兰州客运专线；杭州—南昌—长沙—贵阳—昆明客运专线；青岛—石家庄—太原客运专线；南京—武汉—重庆—成都客运专线。虽然有三条与西部地区有关，但从未来"八纵八横"的高铁建设来看，西部地区的铁路基础设施建设与东部地区相比还有很大的差距。

我国西部地区的高速公路建设也远远落后于东部地区。根据国家统计局数据，截至 2017 年底，我国高速等级公路总里程 13.64 万公里，其中西部地区为 5.09 万公里，占全国国土面积 70% 以上的西部地区，高速公路总里程所占的比例只有 37.32%，西藏、宁夏、青海等是高速公路建设比较滞后的地区，特别是西藏的高速公路只有不到 300 公里。

2. 民航吞吐量与东部差距悬殊

截至 2017 年我国境内的民用航空（颁证）机场共 218 个（不含港澳台地区），其中定期航班通航机场 216 个，定期航班通航城市 214 个。其中，西部地区共 103 个，占全国总量的 47.2%。从机场数量来看，西部地区机场建设并不滞后。这主要是由于我国东部地区人口比较密集，大城市多，高铁客流量有保证，而西部地区高铁的造价高，与建设高铁相比，修建机场的成本相对更低。但由于其他基础设施配套不完善，加上经济发展相对落后，西部地区机场旅客吞吐量与东部地区差距较大。北京、上海、广州三大城市机场旅客吞吐量占我国境内机场旅客吞吐量的 26.2%。广大西部地区只有成都、昆明、重庆、西安、乌鲁木齐几个大城市的机场旅客吞吐量相对较高。

3. 西部地区高等级酒店设施数量少

国际旅游服务对酒店设施要求也是比较高的，而一个地区五星级酒店的数量是最能反映该区域旅游服务贸易发展情况的指标之一。截止到 2017 年底，我国 31 个省区市经国家旅游局评定的五星级酒店（宾馆、饭店）

共计 845 家。其中数量最多的是广东省，有 109 家，其次是江苏省，有 84 家，浙江省有 78 家。西部地区十二个省区市共拥有 147 家五星级酒店，占全国的 17.4%。其中西藏、甘肃只有 3 家五星级酒店，排名倒数第三；青海省 2 家，排名倒数第二；宁夏暂无一家，排名倒数第一。

除此之外，西部地区的一些基础设施建设滞后，如厕所建设落后。笔者 2017 年 7 月在青海、甘肃等地考察旅游服务贸易时，发现旅途中厕所较少，不少地方还在使用传统的旱厕。不论是发展国际旅游服务贸易，还是发展国内旅游都需要进一步完善基础设施建设。

（四）西部地区旅游服务贸易人才缺乏

人才是旅游服务贸易发展的关键要素。虽然西部地区每年吸引的落户高校毕业生越来越多，但高校旅游服务贸易专业学科设置相对滞后，旅游服务贸易从业人员总体素质相对偏低，旅游服务贸易需要对旅游资源和旅游文化有深入了解的专业水平高、外语能力强的复合型人才。事实是西部地区比较缺乏人才，而国际化人才更是匮乏。《2017 中国区域国际人才竞争力报告》中，根据国际化人才的规模、结构、创新能力、人才政策、人才发展和人才生活等六个维度，对我国 31 个省区市的国际化人才的竞争力水平进行量化，分为三个梯队。西部地区十二个省区市无一进入人才竞争力强的第一梯队，四川、云南、陕西、广西、重庆进入第二梯队，其余的新疆、内蒙古、贵州、西藏、宁夏、青海和甘肃等属于第三梯队，被认为是国际化人才发展较慢的地区。

五　关于西部地区旅游服务贸易发展的建议

综上所述，西部地区旅游服务贸易的发展呈现蒸蒸日上的趋势，入境旅游市场极具潜力。虽然该地区国际旅游服务贸易外汇收入与接待国际游客人次在全国旅游市场中占比较小、各地区旅游服务贸易的发展存在差异，但在"一带一路"倡议逐渐深入发展且对全球地缘性旅游经济的改变越来越显著的趋势下，可以认为，我国西部地区的旅游服务贸易具有良好的发展前景。

就如何高效利用西部地区自身良好的旅游资源内在条件，抓住"一带一路"倡议这一外部环境带来的机遇，缩小西部地区与东部等发达地区的差距，协调西部各省区市的经济发展，本文提出以下建议。

1. 发挥地域文化优势增强入境旅游核心竞争力

西部地区蕴藏着丰富多样的旅游文化资源，应充分发挥各地的区域文化优势，将民族文化和与文化融合的新业态相结合，形成参与体验式旅游，增强入境旅游核心竞争力。如陕西的黄土高原农耕文化旅游，宁夏、甘肃具有异域特色的伊斯兰文化旅游，热情奔放的北方草原文化旅游，新疆自然和民族风情相结合的西域文化旅游，以西藏为中心的特色藏文化旅游。还可以将国际旅游和丝路遗产文化开发利用有机结合，围绕异国游客的多方位需求，充分发掘丝路遗产廊道的文化资源，把地域文化的精华整合到旅游产品中去，进而打造独具西域特色的旅游文化产业。此外，"丝路经济带"沿线的民族地区应保留其最具风情的民族文化节庆活动，借助丝路旅游合作打造文化品位高、吸引力强、内容丰富的各种文化节庆活动，从而吸引海外游客。与此同时，针对丝路文化，我们既要大力弘扬其优秀传统，又要跟上时代步伐，打造具有民族特色、地域特色、时代特色的旅游产业。

2. 加强西部地区的基础设施建设

借助"一带一路"倡议东风，加快西部地区高速公路和高铁建设，对于激活广大西部地区丰富的旅游资源是非常有利的。西部地区的机场建设数量不少，但机场所辐射的区域毕竟有限，更辽阔的旅游景区和景点还需要密集的高速公路提供保障。高铁建设被誉为中国经济发展奇迹，西部地区应加快铁路特别是高铁建设。2017 年兰新高铁的开通促进了新疆的旅游发展，新疆还专门加开了杏花专列、桑葚专列等旅游列车，填补了葡萄节之前的旅游空白，游客人数也比去年同期增长了近四成，景区门票收入同比增长了50%以上。高铁能让旅客"速来慢游"，可以为餐饮、民宿、夜间演出市场提供客源，为西部地区的旅游提供基础保障。同时西部地区的其他基础设施建设，包括酒店（宾馆）的建设还需多投入，同时深度游览景区的厕所建设还需加大投入，如青海湖沿线的厕所改造等。

3. 加大力度培养专业人才和吸引国际人才

当今各行业的竞争取决于人力资源的竞争，旅游文化的建设和旅游品牌的铸就及旅游服务的提供都离不开人力资本的投入。所以，要发展西部地区旅游服务贸易，提升其竞争力，需要一大批专业人才。对此，一方面，应加强人才的培养，西部地区高校可以开设相关专业的本科、硕士人才的培养课程，建立一支来源于西部地区院校或旅游机构（企业），涵盖旅游、经济管理、民族研究、地理、政治等多学科的旅游发展专家智力库，借助他们渊博的专业知识以及丰富的实战经验来支持西部地区旅游服务业的发展。同时，应提高从业者崇尚文明旅游的精神风貌及文化素养建设，提升从业人员的精神素养，重视对导游员及讲解员等从业人员技能、专业知识及各国文明礼仪的培训工作，提高从业人员的专业素养。另外还应通过政策优势吸引国际人才，如从就业环境、专业发展和生活配套方面提升对国际人才的吸引力，打造适合国际人才生活的国际化社区，包括子女教育、生活娱乐、社区活动、英文服务等，为其到西部地区发展提供必要的国际化环境。

4. 通过内外合作环境的改善协调西部地区旅游服务贸易的发展

"丝绸之路经济带"涉及许多国家和地区，其政治制度各不相同，在跨区域旅游合作中必须要解决国际合作沟通协调问题，营造一个良好的内外合作环境。在硬环境方面，应以政府主导，优化基础设施建设、完善旅游服务功能、营造安全有保障的旅游环境；在软环境方面，政府应做好西部各区域联合发展的总体规划，同时构筑丝路旅游服务贸易合作双边及多边的旅游软通道，减少旅游服务贸易壁垒，如签署丝路沿线国家旅游免签证协议等。此外，要以区域旅游合作的形式实现相邻地区共同发展，发挥西部各地区的比较竞争优势从而达到共生发展，如具有藏传佛教地域特色的甘南川北交界处的郎木寺正是一个有待开发的旅游互通点。与此同时，旅游产业内部要素之间要协调发展，只有将旅游发展与文化传承保护及生态文明建设有机结合起来，才能实现西部地区旅游服务贸易的可持续发展。

参考文献

把多勋、温倩：《"一带一路"背景下西部地区入境旅游趋势与发展研究》，《世界经济研究》2017 年第 8 期。

王佳果、吴忠军：《"一带一路"背景下民族地区旅游业创新发展研究》，《广西师范学院学报》（哲学社会科学版）2016 年第 6 期。

丁忠毅：《"一带一路"建设中的西部边疆安全治理：机遇、挑战及应对》，《探索》2015 年第 6 期。

乔煜、李琴：《"一带一路"背景下西部民族地区内源式扶贫推进机制研究》，《生产力研究》2017 年第 7 期。

黄明刚、杨昀：《贫困地区中小企业融资模式创新研究——基于互联网金融新业态视角》，《技术经济与管理研究》2016 年第 5 期。

崔欣欣：《把握"一带一路"建设机遇 打造我国西部地区对外开放新引擎》，《对外经贸》2016 年第 4 期。

雷德雨：《"一带一路"建设背景下的西部经济发展：机遇、问题和策略》，《经济研究参考》2016 年第 8 期。

申现杰、肖金成：《国际区域经济合作新形势与我国"一带一路"合作战略》，《宏观经济研究》2014 年第 11 期。

王建卿、周民良：《加快西南地区对外开放的战略研究》，《创新》2009 年第 10 期。

Song Guoyou，" The Strategic Vision of the 'Belt and Road' and a New Development of China's Economic Diplomacy," *Peace and Develepment* 4（2015）：15 – 23.

Zheng Yongnian, Zhang Chi, "The Belt and Road Initiative：China's Grand Diplomacy and Its International Significance," *Contemporary World* 2（2016）：10 – 13.

Li Erping,"*The Contribution of the Belt and Road Initiative to the World's Right to Development*," *The Journal of Human Rights* 15（05）（2016）：454 – 464.

中国—巴西经贸合作：新特征与新趋势

周志伟*

摘　要： 过去20年来，中国—巴西经贸关系取得了突破性的发展，两国互为重要贸易伙伴。但是，自2013年以来，受全球经济低迷、中国经济转型、中美贸易摩擦等多重因素的影响，中巴经贸合作呈现出一些新特征。比如，中美贸易摩擦对中巴贸易起到了"助推器"的作用，农产品贸易成为中巴经贸"新引擎"，中国投资趋于多元布局，等等。与此同时，中巴服务贸易也面临新的发展机遇，并且也被两国政府确定为优先强化的合作领域。虽然全球宏观经济形势、贸易环境都面临着挑战和不确定性，但基于中巴经贸合作的特征，在中短期内，中巴经贸关系仍然具有相对较好的发展预期。

关键词： 中巴经贸合作　服务贸易　"一带一路"

进入21世纪以来，中国和巴西关系得到了全方位的推进，两国在双边、多边等领域的合作不仅得到了越来越多的国际关注，而且促进了新兴经济体之间的合作趋势。经贸合作是中巴关系中最具有效率的领域，自2009年取代美国成为巴西第一大贸易伙伴以来，中国不仅连续十年延续这一地位，而且进一步拉大了与美国之间的差距。不仅如此，在投资领域，中国在巴西的市场开拓同样势头迅猛，中国也已成为巴西最主要的外资来源国，投资产业布局逐步多元化，投资主体和融资方式也实现了多样化，

* 周志伟，博士，中国社会科学院拉丁美洲研究所研究员、国际关系研究室副主任、巴西研究中心执行主任，主要研究领域为国际关系。

私营企业的参与度有了很大提升，它们的参与可以进一步激发中巴经贸关系的活力。由此可见，从中长期来看，中巴经贸合作也具有很不错的发展预期。

一 中巴经贸合作的新特征

中巴两国建交于 1974 年，但双边关系（不仅是政治关系，还包括经贸关系）的发展在 20 世纪 90 年代初之前一直较为缓慢。冷战结束后，中巴关系进入相对快速和平稳的发展阶段，1993 年中巴确定"战略伙伴关系"，巴西也成为首个与中国建立"战略伙伴关系"的国家。在高层互访的推动下，两国经贸呈现高效互动的局面。进入 21 世纪，尤其是 2001 年中国"入世"以后，中巴双边贸易增速远超世界贸易的平均增速。中巴双边贸易规模从 1999 年的 15.4 亿美元增至 2013 年的 833.3 亿美元，实现了 14 年的时间增长五十多倍的高效率。在此期间，2003 年，中国取代日本（66.8 亿美元对 48.4 亿美元）成为巴西在亚洲最大的贸易伙伴，2009 年，中国取代美国（369 亿美元对 356 亿美元）自 20 世纪 30 年代以来一直保持的"巴西在全球的第一大贸易伙伴"。[1] 自此之后，受全球经济低迷、中国经济转型、中美贸易摩擦等多重因素的影响，中巴经贸合作呈现出一些新特征。

（一）中美贸易摩擦助推中巴贸易增长

根据巴西的官方统计，中巴双边贸易在 2013 年达到峰值后，出现了连续 3 年的回落。中国（含香港、澳门）与巴西的进出口总额从 2013 年的 875.4 亿美元减少至 2016 年的 612.2 亿美元，总降幅约为 30%。其中，中国对巴西的出口额从 2013 年的 493.6 亿美元降至 2016 年的 373.9 亿美元，下降幅度约为 24%；中国从巴西的进口额也从 2013 年的 381.8 亿美元降至 2016 年的 238.3 亿美元，总降幅约为 38%。[2]

---

[1] 《中国取代美国成巴西最大贸易伙伴 历时 80 年》，搜狐网，2009 年 5 月 7 日，http://news. sohu. com/20090507/n263819343. shtml。

[2] 巴西经济部外贸秘书处。

随着中美贸易摩擦的发生，中巴双边贸易在 2017～2019 年表现非常强劲，2018 年两国进出口贸易总额首次超过 1000 亿美元，达到了 1021.4 亿美元，巴西也成为拉美地区对华贸易首个突破 1000 亿美元的国家。2019年，中巴贸易规模基本维持与 2018 年持平的水平。从巴西对华出口来看，2017 年和 2018 年分别实现超过 30% 的增速，在 2018 年达到了 666.8 亿美元的规模（见图 1）。相较而言，中国对巴西出口的增长虽呈增势，但增速相对较为平缓。由此可以看出，中美贸易摩擦对巴西对华出口起到了显著的助推作用。另外，值得关注的是，巴西在对华贸易中不仅一直处于顺差状态，而且顺差占巴西外贸总顺差的比重在最近 4 年间一直呈迅速扩大的趋势，2016 年约占 27.3%，2017 年达到 33.2%，而 2018 年和 2019 年则分别达到了 53.8% 和 62.4%，尤其可以看出，中国在最近 2～3 年成为巴西外贸的重要动力，成为巴西外汇收入的重要来源，对巴西经济的恢复起到了支撑作用。

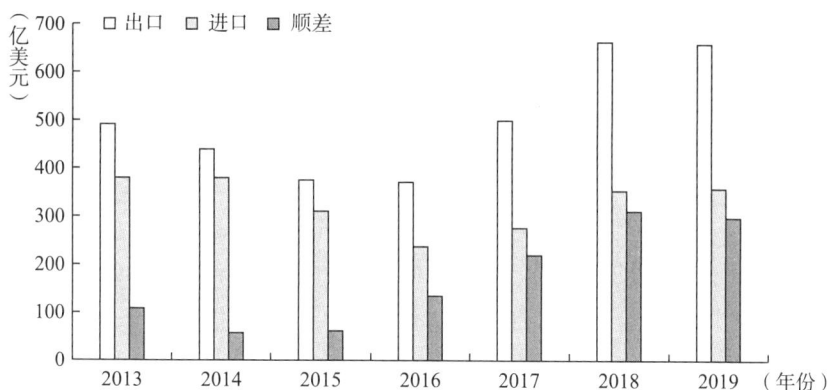

图 1　2013～2019 年巴西对华贸易情况

资料来源：巴西经济部外贸秘书处。

（二）巴西对华农产品出口增长显著

商务部数据显示，2007～2019 年，中巴农产品贸易表现一直强劲。2007～2013 年，巴西对华农产品出口从 2007 年的 35 亿美元增至 2013 年的 228.8 亿美元，2013 年中国取代欧盟成为巴西最大的农产品出口市场。与此同时，中国占巴西农产品总出口额的比重升至 22.9%，较 2012 年增加 4.1个百分点，而欧盟的占比则从 2012 年的 23.6% 降至 2013 年的 22.1%。2018

年，巴西对华农产品出口总额约为 354.4 亿美元，中国占比进一步升至
35%。2019 年，两国农产品贸易规模降至 310.1 亿美元，同比减少 12.5%，
但是中国占比依然维持着 32% 的较高比重。

从出口农产品种类来看，大豆、牛肉、鸡肉和猪肉是对华出口的四种
主要农产品。2009～2019 年，大豆占巴西对华农产品总出口额的比重一直
维持在 75% 左右，巴西对华大豆出口额超过巴西对其他市场大豆出口额的
总和。2011 年，巴西对华大豆出口额占巴西大豆总出口额的比重便达到了
67.1%。2019 年，巴西对华大豆出口额约为 205 亿美元，同比减少
24.7%，大豆占巴西对华出口总额的比重从 2018 年的 42.6% 回落至
32.6%。与此同时，中国对巴西大豆出口的重要性是任何国家都不能替代
的。2018 年，中国占巴西全年大豆总出口额的 82.2%，2019 年虽有回落，
但依然保持 78.5% 的超高比重（见图 2）。巴西牛肉对华出口同样增长迅
速，2019 年对华出口牛肉约为 49.4 万吨，出口额约为 26.7 亿美元，出口
量和出口额分别较 2018 年增长 53.2% 和 80.1%，中国占巴西牛肉总出口
额的比重从 2018 年的 2.3% 增至 4.3%，稳居巴西牛肉最大出口目的地国
地位。鸡肉对华出口额在 2019 年约为 12.3 亿美元，同比增速也达到了
53.7%。猪肉对华出口额在 2019 年更是实现了 101.4% 的增长，达到了
6.1 亿美元。2019 年 5 月，巴西农业部长特蕾莎访华，表达了进一步强化
中巴农产品贸易的强烈意愿。9 月，博索纳罗总统访华前夕，巴西又有 255
家肉类加工厂获得对华出口资质，这也将进一步扩大巴西肉类产品在华市
场份额。另外，值得关注的是，除大豆、肉类产品直接受益于中美贸易摩
擦外，巴西对华棉花出口增速也很显著，2019 年巴西对华棉花出口额达到
了 8.2 亿美元，较 2018 年增长了 56%，巴西已取代美国成为对华最大棉
花出口国。可以预测，在中短期内，农产品将成为推动中巴双边贸易未来
发展的主要引擎。

根据中国商务部的统计，巴西是中国在拉美地区最大的服务贸易伙伴。
2017 年，巴西对华服务出口额为 54.9 亿美元，较 2016 年增长 59.6%，而巴
西也占到了金砖国家对华服务出口额的 32.4%。其中，交通服务对华出口
额约为 50.8 亿美元，同比增幅达 65%。此外，巴西维修、建筑、金融、

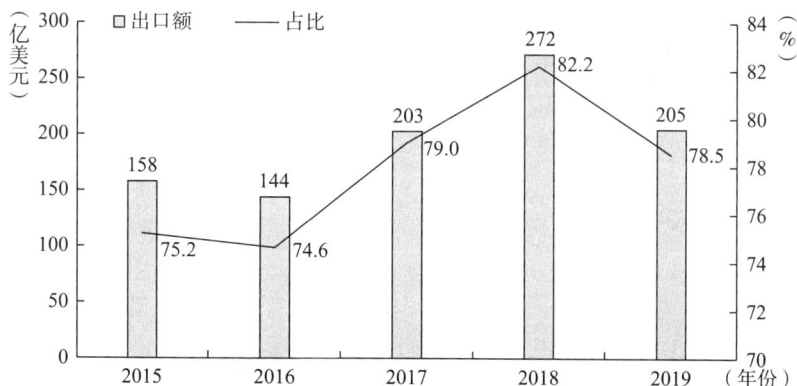

图 2　2015～2019 年巴西对华大豆出口额及在巴西大豆总出口额中的占比

资料来源：巴西经济部外贸秘书处。

文化创新对华服务出口在 2017 年也分别实现了 222.4%、84.5%、82% 和 39.3% 的增长。

当前，服务贸易在中巴双边贸易中所占的比重较小，但随着最近两年中巴两国政府着力挖掘服务贸易的潜力，两国在服务贸易方面的合作尤其值得高度关注。

（三）中国对巴西投资呈多样化趋势

2007～2019 年，中国在巴西的投资呈快速增长趋势，巴西也逐渐成为中国海外投资的重要市场。根据巴中企业家委员会（CEBC）的统计，2007～2018 年，中国在巴西的意向投资总额约为 1025 亿美元，而得到落实的投资额约为 580 亿美元，投资落实率约为 57%。另外，巴西占该时期中国在拉美实际投资额的比重高达 49%，并且遥遥领先排在第二位的秘鲁（17%）。从投资项目数量来看，中国在巴西的意向投资项目数量共计 199 个，而落实的投资项目数量为 145 个，项目落实率约为 73%。从投资的产业分布来看，2010 年之前的项目主要集中在石油、矿业和大豆等资源型行业，比如，能源业约占 2010 年中国对巴西投资（已宣布的）的 45%，农业和矿业则各占 20%；2010～2013 年，尽管上述三个行业依旧是中国对巴西投资的重要领域，但由于巴西中产阶级的壮大以及市场消费潜力的释放，中国企业开始更多关注巴西的消费品市场，制造业开始成为中国投资巴西的新热点；2014 年以来，电力和基础设施成为中国投资关注的新领域。从投资模式来看，绿地投资已经成为最主要的方式，改变了此前以并购为主的方式。以 2018 年为例，在已落实的投资项目中，绿地投资占比为 47%，并购项目占比约为 43%，合资项目占比约为 10%。

二 中巴服务贸易现状及潜力

巴西是拉美国家服务贸易大国，根据巴西官方统计，2008～2012 年，巴西服务出口和进口增速超过了全球均速，巴西占全球服务出口的比重从 0.7% 增至 0.9%，占全球服务进口的比重从 1.1% 提升至 2%。2012 年服务出口总额约为 381 亿美元，全球排第 29 位，服务进口额约为 778 亿美元，全球排第 17 位。但是，从 2013 年开始，巴西服务贸易活力减弱。2018 年服务出口额为 292.6 亿美元，服务进口额约为 441.3 亿美元，服务贸易逆差约为 148.7 亿美元。从服务出口市场来看，排在前五位的分别是美国（87.2 亿美元）、哥伦比亚（48.6 亿美元）、荷兰（13.9 亿美元）、德国（12.2 亿美元）和瑞士（12.1 亿美元）。服务进口方面，排在前五位的分别为荷兰（127.9 亿美元）、美国（125 亿美元）、英国（26.6 亿美元）、瑞士（18.4 亿美元）和德国（17.5 亿美元）。由此可见，巴西主要的服务贸易伙伴均为欧美传统发达国家。

相较而言，中巴服务贸易规模非常有限。中国对巴的服务业出口尚在初级阶段，主要集中在金融、物流、旅游业和部分通信技术服务领域，而巴西对中国服务出口的主要优势领域还是传统的旅游业。中国仅为巴西服务出口的第 18 大市场，2018 年巴西对华服务出口仅为 3.57 亿美元（见图 3），占巴西服务出口额的比重仅为 1.2%。2018 年巴西从中国的服务进口额约为 8.84 亿美元，排第 10 位，中国占巴西服务进口额的比重为 5.9%。由此可见，中巴服务贸易规模与两国货物贸易规模存在巨大反差。但与 2017 年相比，中巴服务贸易增长速度较快，比如，巴西对华服务出口实现 56.5% 的增长，而从华服务进口增速也达到了 18.5%。从贸易结构来看，租运、集装箱装卸、货物分销代理为巴西对华服务贸易出口的主要类别，分别占 2018 年对华服务出口的 10.8%、4.7%、2.3%，而水路运输服务、生产许可认证、空运服务则为中国对巴西的主要服务出口类别，占比分别为 30.2%、25%、12.1%。[1]

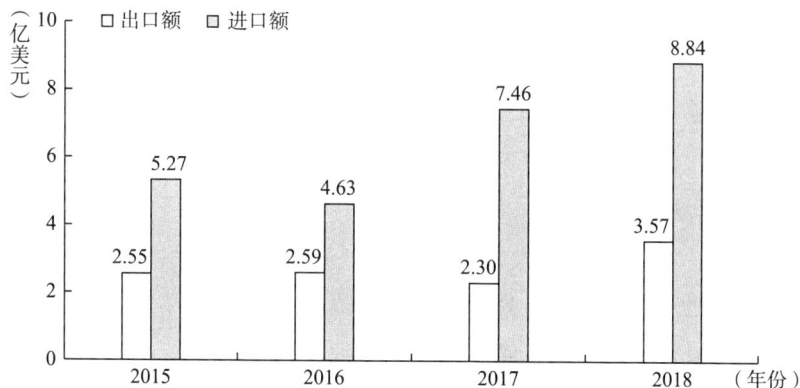

图 3　2015～2018 年巴西对华服务贸易

资料来源：巴西经济部外贸秘书处。

2015 年 5 月，李克强总理在访问巴西期间，两国政府发表的《联合声明》提出在中巴高委会经贸分委会下增设服务贸易促进工作组，这也是两国政府首次专门强调双边服务贸易，体现出双方进一步拓宽贸易渠道的政策引导。2016 年 10 月，在澳门举行的中葡论坛第五届部长级会议期间，中国商务部与巴西工业、外贸和服务部签署《关于服务贸易合作的谅解备忘录》，明确将服务贸易确立为两国政府的合作重点，涉及信息技术、服务外包、工程咨询、中医药服务等重点服务贸易领域的合作。2017 年 8 月，在金砖国家第七次经贸部长会议期间，中巴两国政府针对服务贸易合作进一步签署了《两年行动计划》，提出了挖掘服务贸易合作的具体举措，重点强调在建筑、工程咨询、工程建设、信息技术、电子商务和银行自动化、旅游、文化、中医药等领域的服务贸易合作。另外，两国达成一致，轮流召开服务贸易促进工作组会议，针对具体合作内容强化沟通和互动。2019 年 5 月，在中巴高委会第五次会议上，巴西副总统莫朗强调扩大对华产品出口、实现贸易多元化的政策愿望，两国也一致同意促进贸易便利

---

①　巴西经济部工业、外贸和服务秘书处，http://www.mdic.gov.br/index.php/comercio-servi-cos/estatisticas-do-comercio-exterior-de-servicos，最后访问日期：2020 年 3 月 30 日。

化，优化贸易结构，推动双边贸易高质量增长，培育中巴经贸合作新的增长点。

2009～2019 年，中巴两国加大了在酒店、旅游、建筑、法律服务和商业咨询等领域的合作。巴西积极向中国推销旅游、建筑、工程、足球等方面的服务，并希望将中国的主题公园等服务业项目带到巴西。除此之外，中国滴滴出行在巴西的经营也探索出了新的思路。2017 年初，滴滴出行与巴西移动出行服务商"99"（原名"99TAXI"）签署战略合作协议，滴滴出行将成为"99"的战略投资者。根据协议，滴滴出行为"99"提供技术、产品、运营经验、业务规划等全方位战略支持，助力"99"在巴西及拉美市场积极扩张。另外，滴滴出行在智慧交通方面的技术优势，也能够为巴西提供诸如智慧红绿灯和潮汐车道等服务内容。因此，滴滴出行进军巴西，不仅拓展了中国对巴西的服务贸易出口种类，而且有效地把中国"共享经济"概念传播到南美大陆，该投资也被评价为中国服务贸易出口的成功案例。

三 "一带一路" 与中巴经贸展望

当前，"中国机遇"和"太平洋意识"成为多数拉美国家对外战略的重要考量，亚洲在拉美外交中的地位普遍上升。随着特朗普政府贸易政策收紧以及美国资本可能会从拉美地区撤出，包括巴西在内的拉美国家"强化与中国的合作纽带"的意愿强烈，"一带一路"倡议将为中巴关系的发展提供另一条合作渠道。

"一带一路"倡议提出之初，巴西基本持旁观态度，对倡议的反响不高。"一带一路"国际合作高峰论坛之后，特朗普政府在对外政策上的不确定性有可能使美拉关系在利益衔接上面临困境，在这种情况下，包括巴西在内的拉美国家存在外交政策"再调整"的必要性。① 在这种局面下，中国的"一带一路"倡议贴近拉美地区市场开放的政策需求。智利、阿根

---

① 周志伟：《巴西政治变局下的中巴关系之"变"与"不变"》，《环球财经》2017 年第 1 期，第 129～133 页。

廷两国参加"一带一路"国际合作高峰论坛便体现了拉美国家对全球市场环境变化的敏锐判断，直接提高了拉美对"一带一路"倡议的参与积极性。自此开始，巴西表现出对接中国"一带一路"倡议的强烈意愿。

2019年，中巴两国高层互动频繁。5月和10月，巴西农业部长特蕾莎两度访华，全力向中国推销巴西农产品及农业基础设施项目；5月下旬，巴西副总统莫朗来华访问，尤其谈到了其本人对中国"一带一路"倡议、华为5G的开放态度；7月底，王毅外长访问巴西；10月底，巴西总统博索纳罗访华，明确表示将对华关系置于巴西外交优先位置；11月中旬，习近平主席出访巴西，在与博索纳罗总统会谈时强调，中巴都是大国，双方要保持战略定力，坚持相互尊重、平等相待，加强交往，筑牢互信。博索纳罗总统则积极回应称，中国是世界举足轻重的大国，是巴西第一大贸易伙伴，巴中合作对巴西的未来发展具有日益重要的意义，巴方欢迎中国企业来巴投资，在基础设施建设和铁矿石、油气等能源领域加强合作。通过两国政府高层的频繁互动，巴西政府的对华态度趋于明朗，密切经贸往来成为巴西当局对华政策的优先目标，这充分体现了巴西当局灵活务实的态度。尽管国际格局仍然面临诸多不确定性，但是中巴经贸合作却具有持续向好的预期，其原因主要体现在两个层面。

第一，中巴贸易结构高度互补，且互为对方重要伙伴。中巴经贸合作在过去十余年呈现超高效率，其根本原因在于两国之间具有高度互补的经济关系。尽管巴西对华出口产品出现多样化趋势，但主要集中在大宗产品和资源密集型产品上，它们占巴西对华总出口额的比重基本维持在80%~90%，其中大豆和铁矿石两者就能占到巴西对华出口额的70%以上。相反，中国出口巴西的产品多为附加值较高的工业制成品，并且产品类型非常多样化，涵盖电力机械、仪器、家用电器、通信设备、录音设备、办公机械和自动数据处理器等高科技和机电产品。虽然巴西对中巴贸易结构颇有微词，但这种由两国比较优势决定的贸易局面很难发生根本改变，相反，也体现出了，不管是从供给还是从需求分析，中巴两国都互为重要的贸易伙伴关系。另外，将中巴贸易与美巴贸易做比较，2019年中巴贸易规模约为美巴贸易规模的1.7倍，中国在巴西外贸、出口、进口中所占的比重分别为 25.2%、29.2%、20.2%，而美国上述三项的占比分别为 14.9%、13.2%、17%，这也充分体现出，对巴西而言，至少在经贸层面，中国的重要性要强于美国。与此同时，巴西也属于中国全球十大贸易伙伴，尤其直接关系到中国的资源和能源安全。因此，从某种程度上可以认为，中巴两国相互间的经贸价值都具有很强的不可替代性，这也是支撑中巴经贸合作具有较好预期的重要因素。

第二，巴西的经济改革议程与中国"一带一路"倡议跨区域合作思路高度吻合。尽管目前巴西尚未与中国签署"一带一路"合作协议，但是巴西正在推进的经济改革与"一带一路"倡议存在政策导向上的高度吻合。目前，巴西处在经济改革周期，实现出口产品多样化、促进国际产能合作、增强巴西制造的附加值、吸引外资成为巴西经济改革的核心目标。很显然，中巴两国经济政策具有较高的契合度。尽管博索纳罗总统与美国总统特朗普之间在意识形态上高度接近，并且博索纳罗的一些外交政策采取跟随特朗普的做法，但是，特朗普政府保护主义的经贸政策与当前巴西的经济政策导向是完全背离的，这也意味着巴西当局很难从美国获得实质上的经贸成效。因此，从政策预期来看，中巴经贸活力要远优于美巴。另外，种种迹象也反映出巴西政府对中国市场、资金、技术有了更深入的认识，尤其对巴西经济的重要性具有某种程度的"不可替代性"，这也将促使巴西新政府主动争取"一带一路"这项全球公共产品。在政策沟通方面，过去十余年来，中巴已具有比较完善的合作机制，"金砖国家""基础四国""中拉论坛"等新机制的建立大大拓宽了两国政策沟通的维度；在基础设施联通方面，尽管两国不具备陆路联通的地理条件，但中国对巴西的基础设施投资呈现"井喷式"的增势，有效弥补了巴西投资能力的欠缺；在贸易层面，中国连续十年为巴西的第一大贸易伙伴，与此同时，两国产能合作能帮助巴西解决"去工业化"问题，实现产业结构的升级，融入全球生产链；在货币流通方面，中巴开展了一些有效实践，两国不仅开展了货币互换，而且两国金融机构在对方市场的业务增长迅速。除此之外，两国同为金砖开发银行、亚洲基础设施投资银行的创始成员国，货币流通很有可能成为未来双边关系的重要突破口；在民心相通方面，中巴民间交流推进高效，"汉语热"和"中国研究热"成为巴西的新现象，教育交流明显改观，尤其是来华学习的巴西学生增长特别迅速。再有中巴两国参与智库交流的主体明显增多，智库交流的内容从以往的人员互访扩大到合作出版、联合研究、学术网络构建等维度。

总体来说，中巴关系在过去十余年间实现了跨越式发展，中巴关系已成为全球范畴中大国关系的重要一环。中巴经贸关系存在天然的互补性，且中巴互为重要的经贸伙伴，经贸合作也是双边关系中最为高效的领域。虽然全球宏观经济形势、贸易环境都面临着挑战和不确定性，但基于中巴经贸合作的特征，在中短期内，中巴经贸关系仍然具有相对较好的发展预期。

比较与借鉴

基于统计视角的中英文化服务贸易
分类体系研究*

郑 红 张 迪**

摘 要： 在经济全球化的背景下，文化贸易的发展迎来了新的机遇和挑战，对文化服务贸易的统计分类和统计工作也提出了新的要求。本文基于统计口径，在分析中国和英国文化服务贸易分类体系的基础上，发现两国的分类体系存在较大差异，对相关数据的统计工作造成了较大困难，而国际上关于文化服务贸易的分类和统计也存在此类问题，因此笔者借鉴了中英两国以及联合国对文化服务贸易分类的指标和方法，提出了一个兼容性的文化服务贸易分类体系，为进一步提出适应更多国家和地区的分类体系奠定了基础。

关键词： 文化贸易 服务贸易 统计口径

中国和英国分别是对方在亚洲范围内的最大贸易伙伴国和在欧洲范围内的第二大贸易伙伴国。2015 年 10 月中国国家主席习近平对英国进行国事访问标志着中英两国贸易"黄金时期"的到来，相对于其他欧洲国家，英国作为中国进出口贸易合作伙伴国的地位与日俱增。2016 年 6 月，英国就是否脱离欧盟问题进行了全民公投，最终英国民众以 51.9% 的选票同意

---

* 本文为北京市社会科学基金研究基地一般项目"中外文化服务贸易统计分类体系研究"（项目编号：17JDYJB002）的阶段性成果。

** 郑红，北京第二外国语学院副教授，主要研究领域为旅游服务贸易与市场营销；张迪，北京第二外国语学院硕士研究生，主要研究领域为旅游市场营销和旅游电子商务。

脱离欧盟。英国脱欧对中英贸易的发展既是机遇也是挑战。中国积极采取行动与英国进行双边谈判，借助"一带一路"倡议的平台优势，进一步扩大与英国的贸易合作。近年来，随着中英两国之间贸易合作的不断深化，2018 年英国对华双边贸易同比增长达到了 2.29%，达到创历史纪录的 685.3 亿英镑。

另外，中英两国的贸易存在发展历程、资源禀赋、市场开放程度、贸易管理水平方面的差异，具有很强的优势互补。英国是世界上最先完成工业革命的发达国家，文化、娱乐和教育水平也比较高，较早开始发展服务贸易，打下了良好的基础。而中国是世界上最大的发展中国家，服务贸易发展起步较晚，缺乏国际竞争力，但是随着中国在全球服务贸易进口中的地位不断提高，中国在全球贸易中的地位也越来越重要。加强中英双边贸易合作，中国可以吸收英国在服务贸易领域的相关经验，也可以为英国提供广阔的市场空间，实现互利共赢。

此外，文化是一个国家最深厚的底蕴，越来越多的国家开始重视文化产业的发展，文化服务贸易也成为拉动各国经济增长的新动力。习近平总书记提出建设"文化强国"，意味着中国将实现文化发展的国际化，逐渐迈入世界文明发展的轨道。然而，由于数据来源、统计标准、分类体系不同，各国之间的文化服务贸易数据缺乏完整性和可比性，因此更具有兼容性的文化服务贸易分类体系是各国发展服务贸易的共同目标，这也将为各国的统计实践创造有利的条件。在经济全球化的背景下，对外文化服务贸易的发展正迎来新的机遇和挑战。本文在分析中国和英国文化服务贸易分类体系的基础上，参照国际标准，从统计口径出发，提出更加具有兼容性的文化服务贸易分类体系，优化对外文化服务贸易统计制度，也使各国的文化服务贸易数据更具有可比性。

一 文献综述

20 世纪 90 年代末期，我国学者开始围绕服务贸易统计方面的相关问题对服务贸易统计体系进行研究。

首先，在统计框架的设计方面，贾怀勤提出我国要建立以国际收支平衡表（BOP）为基础的二元架构并建立外国附属机构服务贸易（FATS）统计制度。① 张英、凌国平指出我国应该建立国际服务贸易 FATS 统计，弥补以商业存在这一方式进行的国际服务贸易的空白，并针对 FATS 统计的机构设置、调查对象、指标体系等问题提出了建议。② 王亚菲从自然人流动统计的角度提出国际服务贸易统计体系应该包含 BOP 统计、FATS 统计和服务贸易总协定（GATS）的模式 4 统计三方面的内容。③

其次，在具体的贸易模式统计方面，贾怀勤提出应该建立"BOP 服务贸易统计 + FATS 统计"的二元结构，并通过这个二元结构去落实 GATS 的四种贸易模式。④ 凌国平结合当时世界上国际服务贸易的最新发展，指出要进一步细化我国国际服务贸易 BOP 统计标准，并进一步提出了把 BOP 体系过渡到 EBOPS 体系的对策。此外，他强调在 FATS 统计上，将其指标分为四大部分：直接投资状况和国际收支、生产经营和财务情况、服务和货物的进出口情况以及从业人员和劳动报酬。在建立我国国际服务贸易 FATS 统计体系的过程中应先易后难、逐步展开，先内向 FATS、后外向 FATS，这样更加符合我国的实际情况。⑤ 王亚菲认为 BOP 统计和 FATS 统计体系不能提供模式 4 的完整范围和数据来源，尤其是人数方面的信息，因此她在 BPM5 认定范围的基础上，将模式 4 的统计范围扩大到所有与提供服务有关、以工作为目的的人员流动。⑥

最后，在文化服务贸易分类体系方面，我国的服务贸易统计体系不够

① 贾怀勤：《论二元架构的服务贸易统计》，《对外经济贸易大学学报》1998 年第 1 期，第 32～39 页。
② 张英、凌国平：《建立我国国际服务贸易 FATS 统计的建议》，《国际经贸探索》2001 年第 5 期，第 45～47 页。
③ 王亚菲：《国际服务贸易统计研究中的有关问题：基于 GATS 的观点》，《统计研究》2006 年第 5 期，第 53～59 页。
④ 贾怀勤：《服务贸易四种提供方式与服务贸易统计二元构架的协调方案——〈国际服务贸易统计手册〉"简化方法"评述》，《统计研究》2003 年第 3 期，第 9～13 页。
⑤ 凌国平：《完善我国国际服务贸易 BOP 统计》，《国际商务研究》2004 年第 4 期，第 25～28、43 页；凌国平：《建立我国国际服务贸易 FATS 统计》，《国际商务研究》2004 年第 6 期，第 13～16 页。
⑥ 王亚菲：《GATS 模式 4 服务贸易的统计范围与数据来源研究》，《统计研究》2008 年第 2 期，第 25～29 页。

完善，在数据收集方面仍存在较大困难，有些学者在文化服务贸易统计方面进行了相关研究。李小牧、李嘉珊对文化贸易的概念进行了相关辨析，并以文化产品和文化服务为标准对文化贸易进行了分类，指出在 GATS 中文化服务主要涉及商业服务，视听服务，娱乐、文化和体育服务，而且近几年出现的文化会展服务、文化中介服务、文化咨询服务等新型服务也属于文化服务的范围。① 王海文从我国国际文化贸易的统计实践出发，提出需要进一步调整和完善文化产业的分类统计工作，规范统计工作、充实统计人员、提高统计数据质量，逐步规范统一各省区市的国际文化贸易统计发布标准和监管，编制权威的国际文化贸易统计年鉴。② 蒋多、王海文基于我国现有对外文化服务贸易现状，兼顾国际统计分类的研究成果，在统计分类、统计方法和指标设计等方面提出了优化对外文化服务贸易统计的思路和方法，强调以跨境提供、境外消费、商业存在、自然人流动四种贸易模式为主进行统计，并重视 BOP 和 FAT 统计。③

综上所述，国内大多数学者关注的是服务贸易的统计框架、统计模式，并根据自己的观点提出相应的改进意见，但是在文化服务贸易分类体系方面却缺乏相应的研究，从统计口径出发来研究中国与世界其他各国的文化服务贸易分类体系，分析并提出一个兼容体系的人却少之又少。因此，为了丰富服务贸易统计体系的研究、顺应文旅融合发展的趋势，本文从中国的文化服务贸易分类体系出发，结合英国的分类体系，取长补短、中西兼顾，力求在参考国际分类标准的基础上提出一个兼容的文化服务贸易分类体系，以此来优化统计工作，便于比较中国和其他各国文化服务贸易的相关内容。

---

① 李小牧、李嘉珊：《国际文化贸易：关于概念的综述和辨析》，《国际贸易》2007 年第 2 期，第 41~44 页。
② 王海文：《我国国际文化贸易统计实践探索》，《山西师大学报》（社会科学版）2013 年第 6 期，第 61~64 页。
③ 蒋多、王海文：《优化我国对外文化服务贸易统计制度的思路与方法》，《中国海洋大学学报》（社会科学版）2014 年第 5 期，第 56~62 页。

二 中英两国文化服务贸易分类体系分析

联合国教科文组织将文化服务贸易定义为能够满足人们文化兴趣和需求的服务，涉及版权、音像及相关服务，广告、设计服务，个人文化娱乐服务等。与文化产品贸易的分类统计不同，文化服务贸易的分类统计工作更加复杂。一方面，国际文化服务贸易正处于活跃期，所涉及的部门繁多，而且在不断的发展过程中行业和部门的边界也在发生微妙的变化，亟须完善相关的统计实践工作。另一方面，由于各国和相关经济组织对文化产业的分类和统计口径存在偏差，会直接影响文化服务贸易相关分类统计工作的进行。在国际化的统计实践工作中，亟需一套完善的分类统计标准来促进各国之间文化服务贸易的交流和合作。因此，本文首先探究中国和英国的文化服务贸易分类体系，再基于统计口径对其进行比较分析，探究如何构建具有兼容性的文化服务贸易分类体系。

（一）中国文化服务贸易分类体系

2018 年中国国家统计局在对文化及相关产业进行分类时，以文化为核心、以《国民经济行业分类》（GB/T 4754 – 2017）为基础，将行业中的相关类别进行分类组合。根据我国文化体制改革和发展的实际，兼顾文化主管部门管理的需要，立足于现行的统计制度和方法，考虑到与国际分类标准的衔接，本文借鉴了联合国教科文组织的《文化统计框架—2009》的分类方法，尽可能做到在定义与覆盖范围上进行衔接。这次分类统计为反映我国的文化和相关生产活动提供了依据和标准，涉及的范围较为广泛，同时也方便了相关部门对文化服务贸易进行数据的收集、计算和统计。

从表 1 中可以看出，中国文化服务贸易的分类总体上分为核心文化服务和相关文化服务。其中核心文化服务能够反映和传达文化创作的内容，包括内容创作生产、新闻信息服务、创意设计服务和文化休闲娱乐服务四项，而且每一项核心文化服务都有相对应的细分部分，涵盖的范围比较全面，划分细致、合理。相关文化服务则是有益于核心文化元素的创作、生产和销售的服务，其本身却不一定能够反映文化内容，主要包括文化辅助生产和中介服务。可以看出中国对于文化服务贸易的分类比较全面、详细，所包含的类别较多，但是相关文化服务中的一些数据，收集起来可能存在较大难度，总体上工作量较大。

从整体上来看，这一分类体系详略得当，能够很好地突出文化服务贸易中需要重点统计的部分，也没有忽略对相关文化服务部分的统计，而且便于分析我国文化服务贸易的结构，有利于优化我国文化服务贸易的统计制度。此外，在文旅融合发展的背景下，将文化休闲娱乐服务纳入核心文化服务的范围符合当前的发展趋势。

（二）英国文化服务贸易分类体系

1996 年，英国首次引入国际服务贸易（ITIS）调查，它的服务贸易统计主要包括英国居民向非居民提供的服务。英国的贸易统计体系主要是参照以国民经济核算体系（SNA2008）及《国际收支手册》第六版（BPM6）为基础的 BOP 及 FATS 国际服务贸易统计体系，其不同之处在于 BOP 和其他世界账户是由国家统计局（ONS）使用通用数据源编制的。此外，英国服务贸易统计主要由英国国家统计局归口管理，不同行业分别提供统计数字，由国家统计局统一对外发布统计公报。英国国家统计局发布的初期服务贸易统计数据一般都会进行修正，最终统计数据通过年度红皮书（Pink Book）对外出版。

从表 1 中可以看出，英国的文化服务贸易主要分为四大类：知识产权服务，电信、计算机和电脑服务，视听及相关服务和其他文化服务。这四类服务处于平行地位，而且每一大类服务又被细分成几个小的分支，包含的类别较多。

英国的文化服务贸易分类体系可以避免数据交叉统计，四个大类的划分边界较为清晰，而且细分出来的小类别也避免了概念的混淆，为统计工作带来了很多便利。另外，英国的文化服务贸易分类标准不仅参照了《国际收支手册》，而且符合欧洲国家的统计标准，具有一定的合理性。但是，英国的文化服务贸易分类中知识产权服务和视听及相关服务在概念与定义方面存在些许偏差，所包含的服务类别较多，会加大相关部门的工作量。

表 1　英国和中国的文化服务贸易分类体系对比

英国文化服务贸易分类体系		中国文化服务贸易分类体系			
知识产权服务	专有权利使用费和特许费	核心文化服务		相关文化服务	
	特许经营和商标使用费				
	研究与发展成果服务	内容创作生产	出版服务	文化辅助生产和中介服务	印刷复制服务
	新闻出版服务		创作表演服务		
	品牌或设计服务		数字内容服务		版权服务
电信、计算机和电脑服务	电信服务		内容保存服务		
	计算机服务				
	电脑服务	新闻信息服务	新闻服务		会议展览服务
视听及相关服务	电影		报纸信息服务		
	电视		广播电视信息服务		文化经纪代理服务
	音乐		互联网信息服务		
	录音				
	广播	创意设计服务	广告服务		文化设备（用品）出租服务
	广告		设计服务		
其他文化服务	文化遗产和建筑	文化娱乐休闲服务	娱乐服务		
	培训和教育服务		景区游览服务		文化科研培训服务
	与图书馆、博物馆、档案馆等有关的服务		休闲观光游览服务		

（三）中英两国文化服务贸易分类体系的对比

从统计口径的视角来看，服务贸易统计对于各国来说都是一个统计难题。长期以来，世界各国在服务贸易统计方面都缺乏统一的设计标准和统计框架，对于文化服务贸易的分类统计更是众说纷纭，导致各国之间服务贸易的统计数据缺乏可比性。

通过上文对中英两国文化服务贸易分类体系的梳理和分析可以发现，中国和英国根据两个国家文化生产活动的特点、立足于当前的统计制度来进行文化服务贸易的分类，并且各自的分类体系能够满足两个国家相关统计部门的需要。但是出于研究的需要，为了对比两个国家文化服务贸易的相关数据、贸易规模和贸易竞争力等，从文化服务贸易分类体系入手会事半功倍，也会发现中英两国文化服务贸易分类体系的可对比性较为明显。

对表 1 中两国的文化服务贸易分类体系进行对比可以看出，中国和英国的文化服务贸易分类体系中既存在交叉重叠的部分，也存在互不相容的部分，而且交叉重叠的部分较多，在构建具有兼容性的分类体系时可以将其进行合并同类项。但是就不同点而言，相较于联合国的文化服务统计口径，中国的文化服务统计口径较宽，根据核心文化服务和相关文化服务进行分类，自然而然扩大了文化服务贸易的范围，划分类别虽然详略得当，但是在统计数据的过程中会增加相关部门的工作量。而英国的文化服务贸易整体上分类较为粗糙，只分成了四个大类，但是每个大类下面的小分支划分得比较详细、较为直观。在统计的过程中概念或定义的歧义可能会增加数据收集难度，如知识产权服务中研究与发展成果服务的概念和范围没有明确，容易造成理解偏差而使数据出错。

综上所述，中国和英国都没有形成较为系统全面的文化服务贸易专项统计制度和完善的分类系统，两国的文化服务贸易分类体系也各有优劣。

三　构建兼容中英文化服务贸易分类体系

从世界的经济发展趋势来看，发展文化服务贸易逐渐成为增强和提升国家与城市软实力、竞争力和影响力的重要途径和手段，文化发展的新形势对文化统计工作提出了更高的要求。基于前文对中英两国文化服务贸易分类体系的对比分析，发现两国的分类体系各有优劣，为了便于从统计口径进行数据对比、完善两国的文化服务贸易分类系统，需要在此基础上提出一个更加具有兼容性的分类体系，使它不仅适用于中英两国，同时适用于更大范围内的国家和地区。

（一）设计兼容中英文化服务贸易分类体系的基本思路

结合中英两国文化服务贸易发展的实践，为了顺应世界文化服务贸易发展的需要、丰富国际文化贸易的理论研究和实践发展，本文从统计口径出发来探究具有兼容性的分类体系。这一体系既要满足中英两国文化服务贸易结构对比和数据收集的需要，又要能够对其他国家的分类体系起到示范效应。同时，这一兼容体系要促进统计制度的规范，为促进各国多元化的贸易合作、减少贸易壁垒和冲突、推动各国之间文化产业的深度合作做出贡献。

首先，分类指标的选取需要从横向和纵向等多个角度把握文化服务贸易的发展情况，所选的指标需要简单易行，具有可比性和可操作性，从而形成一个完整、系统的文化服务贸易分类体系。而且这个兼容文化服务贸易分类体系要有实用性，为统计数据的收集和分析奠定基础，使统计方案的制定、统计调查的实施和统计报告的发布有据可循。

其次，随着互联网、大数据和人工智能等技术的快速发展，文化服务贸易范围内科技创新和文化创新的融合亟待加强。科技创新能够推进文化服务范围和种类的不断拓展，文化创新则是提升文化服务竞争力的关键所在。科技创新与文化创新的全面深度融合，有利于优化文化服务贸易的结构，提高对外文化贸易的竞争力。美国、英国和德国等贸易大国文化服务业的发展均较为重视科技和文化创新的融合，催生了"互联网＋文化服务"的新业态，因此如何运用当代科技来展示中国优秀的传统文化是一个重要课题。在构建新的文化服务贸易分类体系的过程中必须把这一部分考虑进去，使其更加完善。

最后，为了确保新的文化服务贸易分类体系的规范性和科学性，使其更具合理性和兼容性，本文将参考《国际服务贸易统计监测制度》和《国际服务贸易统计手册》里有关服务贸易分类的内容，以中国国家统计局修订的《文化及相关产业分类（2018）》和《国际收支手册》第六版为依据，借鉴联合国教科文组织的《文化统计框架—2009》中的分类方法。

（二）兼容中英文化服务贸易分类体系

本文基于统计口径构建一个兼容中英、具有普遍适用性的文化服务贸易分类体系，如表 2 所示。

表 2　兼容中英文化服务贸易分类体系

文化服务贸易分类	
知识产权服务	专有权利使用费和特许费
	特许经营和商标使用费
	版权与出版服务
	内容保存服务
	印刷复制服务
新闻信息服务	新闻服务
	报纸信息服务
	广播电视信息服务
视听、音像及相关服务	电影
	广播
	电视
	录音和音乐出版
电信、计算机和电脑服务	电信服务
	计算机服务
	电脑服务
	互联网信息服务
文化艺术休闲服务	文艺创作、表演及演出场所
	文化保护和文化设施服务
	文化教育和培训服务
	文化旅游休闲服务
文化创意和设计服务	广告服务
	品牌或设计服务
其他文化服务	与图书馆、博物馆、档案馆等有关的服务
	会议展览服务
	其他与文化有关的服务

　　表 2 构建的具有兼容性的文化服务贸易分类体系，重点突出、详略得当。第一类的知识产权服务囊括的内容较多，是反映文化服务内容的重点，包括专有权利使用费和特许费、特许经营和商标使用费、版权与出版服务、内容保存服务和印刷复制服务，将中英两国的内容创作生产和知识产权服务中的相关分类相融合，比较简单明了。第二类新闻信息服务涉及

的内容较为简单，包括新闻服务、报纸信息服务和广播电视信息服务。第三类的视听、音像及相关服务分类较为明确，涉及电影、广播、电视、录音和音乐出版，将原先英国的视听及相关服务进行简化，方便进行数据统计。值得关注的是与科技创新相关的电信、计算机和电脑服务，这类服务比较侧重互联网信息服务，也是兼容性分类体系的一个亮点。比较特殊的是文化艺术休闲服务，这一分类涉及的范围广、包含的内容杂，与主要的文化内容相关性较弱，其中的文化旅游休闲服务体现了"文旅融合"的大趋势。文化创意和设计服务分类简单，只包含广告服务以及品牌或设计服务。而其他文化服务所占比例小，包括与图书馆、博物馆、档案馆等有关的服务，会议展览服务和其他与文化有关的服务。从整体上来看，知识产权服务、新闻信息服务、视听、音像及相关服务所占比例较大，属于核心部分，具有较高的附加值；文化艺术休闲服务以及电信、计算机和电脑服务为新兴的文化服务，具有良好的发展态势，发展前景比较乐观，发展迅速。这个兼容的文化服务贸易分类体系将中英两国中相同的文化成分归为一类，避免了交叉重叠，同时将新兴的文化服务业态纳入其中，较为全面。

四 结语

当前国内对文化服务贸易的研究缺乏统计基础，统计建设滞后，难以适应实践的要求。而且国际上关于文化服务贸易的统计存在统计口径不一、数据来源不同等问题，难以对不同国家之间的文化服务贸易数据进行对比。本文从统计口径的视角出发对中国和英国的文化服务贸易体系进行了分析，提出了一个更具有兼容性的分类体系，以期促进两国统计制度的完善和优化，方便数据的收集与统计，促进各国文化贸易的交流与发展。

参考文献

姜国庆、张腾腾：《英国脱欧视角下中英服务贸易竞争力比较研究》，《沈阳工业大学学报》（社会科学版）2019 年第 2 期。

徐则荣、王也：《英国脱欧的原因及对中英贸易的影响》，《管理学刊》2017 年第
　　1 期。

胡瑞英：《论英国脱欧对中英贸易的影响》，《现代商贸工业》2019 年第 22 期。

刘毅、刘慧芳：《中英服务贸易与货物贸易差异性及影响要素分析》，《江西师范
　　大学学报》（哲学社会科学版）2016 年第 2 期。

胡红傲：《"文化强国"视角下我国文化服务贸易的发展——基于贸易结构角度》，
　　《现代商贸工业》2019 年第 14 期。

王爽：《中国文化贸易结构研究》，博士学位论文，东北师范大学，2015。

王海文：《我国国际文化贸易统计实践探索》，《山西师大学报》（社会科学版）
　　2013 年第 6 期。

刘红玉：《我国文化服务贸易国际竞争力现状分析及提升策略》，《文化软实力》
　　2019 年第 2 期。

印度服务贸易发展对中国的启示

王泪娟[*]

摘　要：21 世纪以来，印度服务贸易一直保持高速发展，呈现出规模大、持续顺差、结构不断优化的特点，备受世界瞩目。我国和印度是世界上两个最大的发展中国家，在人文历史、地缘位置、资源禀赋等方面有颇多相似之处，我国可以借鉴印度发展服务贸易的经验，夯实服务业基础，推动服务贸易便利化，营造良好的国际合作环境，加强区域合作，推动与共建"一带一路"国家的合作，优化服务贸易结构，推进新兴服务贸易发展，推动服务贸易高质量发展。

关键词：国际贸易　服务贸易　国际合作　印度

一　印度服务贸易发展概况

（一）服务贸易规模不断扩大

2000～2018 年，印度服务贸易总额增长迅速，进出口总额从 2000 年的 380.74 亿美元上升至 2018 年的 3816.91 亿美元（见图 1），增长 9.02 倍，年均增速 13.66%，高于同期印度货物贸易年均增速 1.1 个百分点，高于同期印度 GDP 年均增速 3.68 个百分点。服务贸易总额占印度对外贸易总额的比重由 2000 年的 27.64% 增长为 2018 年的 31.34%，最高值为 2016 年的 32.08%，最低值为 2011 年的 25.58%。其中服务进口从 2000 年

　　* 王泪娟，四川省国际经济贸易研究所助理研究员，主要研究领域为国际贸易。

的 191.88 亿美元上升至 2018 年的 1765.83 亿美元，增长 8.2 倍，年均增速 13.12%。服务出口从 2000 年的 166.85 亿美元上升至 2018 年的 2051.08 亿美元，增长 11.29 倍，年均增速 14.96%；从 2004 年开始，印度服务出口占对外贸易出口额的比重一直维持在 30% 以上，2018 年占比达 38.65%，而美国此项占比仅为 33.24%。①

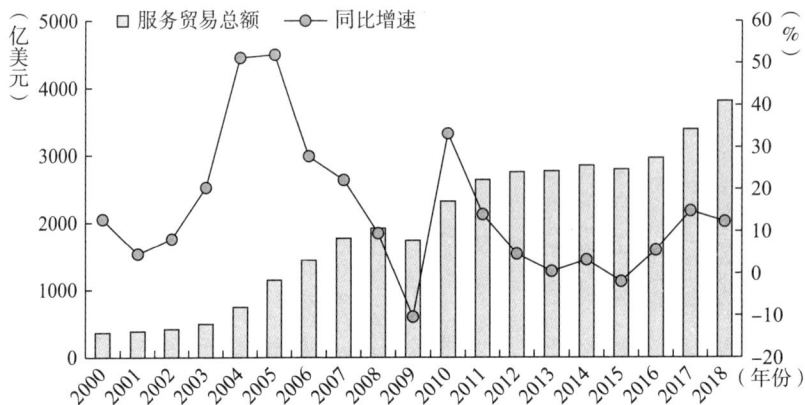

图 1　2000～2018 年印度服务贸易总额和同比增速

资料来源：根据 UNTCAD 数据库整理。

（二）服务贸易长期保持顺差

2000～2007 年，印度服务贸易除 2004 年为顺差，其余年份皆为逆差，2008 年之后，印度服务贸易一直保持顺差，从 2008 年的 181 亿美元上升至 2018 年的 285.24 亿美元，其中 2015 年和 2017 年的顺差均突破了 300 亿美元（见图 2）。电信、计算机和信息服务、旅游服务是印度服务贸易主要顺差来源，2005～2018 年，电信、计算机和信息服务顺差由 2005 年的 153.87 亿美元上升至 2018 年的 511.6 亿美元，旅游服务的顺差由 2005 年的 13.06 亿美元上升至 2018 年的 72.58 亿美元。②

（三）服务贸易出口结构不断优化

印度服务贸易出口主要以电信、计算机和信息服务，旅游，交通和其他商业服务为主，四个项目占印度服务贸易出口总额的 80% 以上。2005～

---

① 根据 UNTCAD 数据库整理所得。
② 根据 UNTCAD 数据库整理所得。

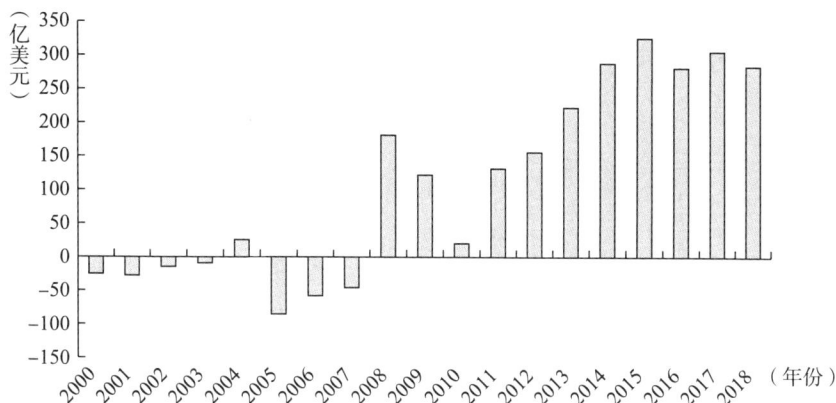

图 2　2000～2018 年印度服务贸易顺差情况

资料来源：根据 UNTCAD 数据库整理。

2018 年的服务贸易出口数据显示，电信、计算机和信息服务是印度服务贸易出口的主要部门，占印度服务贸易出口总额的比重一直维持在 30% 左右；其次是其他商业服务，占比与电信、计算机和信息服务相当；旅游、交通出口占比均在 10% 左右（见表 1）。旅游、交通、建筑三大传统服务贸易出口在印度服务贸易出口总额中占比一直不高，维持在 25% 左右。值得一提的是印度电信、计算机和信息服务贸易出口发展迅速，占全球电信、计算机和信息服务贸易出口的比重一直维持在 10% 左右。2005 年，印度、日本、美国三国的电信、计算机和信息服务贸易出口全球市场占有率相差不大，均为 8%～9%，到 2018 年，印度占比维持在 9.61%，美国下降为 7.25%，日本下降为 0.75%。

表 1　2005～2018 年印度服务贸易出口占比情况

单位：%

项目	2005 年	2010 年	2015 年	2016 年	2017 年	2018 年
电信、计算机和信息服务	32	35	35	33	29	28
旅游	14	12	13	14	15	14
交通	13	11	9	9	9	9
其他商务服务	35	29	32	34	32	32
合计	94	88	90	90	86	83

资料来源：根据 UNTCAD 数据库整理。

（四）服务贸易在全球占据重要地位

2000～2018 年，印度服务贸易总额占全球服务贸易总额的比重不断上升，从 1.2% 逐步上升至 3.3%，出口占比从 1.1% 上升至 3.51%，进口占比从 1.26% 上升至 3.15%。① 从全球服务贸易排名来看，2000 年，印度服务出口排第 25 位，进口排第 19 位，从 2010 年开始，印度的服务出口及进口排名一直保持在世界前 10 位（见表 2）。2018 年，印度服务贸易出口全球排第 9 位，在亚洲地区仅次于中国；服务贸易进口全球排名第 10 位，在亚洲地区仅次于中国、日本。

表 2　2000～2018 年印度服务贸易全球排名情况

排名	2000 年	2005 年	2010 年	2015 年	2017 年	2018 年
出口排名	25	14	8	8	8	9
进口排名	19	12	8	10	10	10

资料来源：根据 UNTCAD 数据库整理。

二　印度服务贸易发展的原因

印度服务贸易的快速发展与全球服务贸易发展的大势密不可分，与印度国内采取了一系列促进服务业和服务贸易发展的政策措施也是分不开的。

（一）牢牢把握全球服务贸易发展机遇

2000～2018 年，全球服务贸易总额由 2000 年的 30413.7 亿美元增长为 2018 年的 114486.9 亿美元，增长了 2.76 倍，年均增速达 7.64%，高于同期全球货物贸易年均增速 1.35 个百分点，占全球贸易总额的比重由 18.83% 上升至 22.6%，成为推动全球贸易发展的重要力量。② 与此同时，全球服务业跨国投资快速增长，根据《2017 年世界投资报告》，2017 年服务业依旧是最吸引外国直接投资的行业，占全球对外投资的 56%。此外，

① 根据 UNTCAD 数据库整理所得。
② 根据 UNTCAD 数据库整理所得。

跨国公司开始在全球布局其服务供应链，20 世纪 90 年代以来，离岸服务外包得到快速发展，美国、欧洲和日本成为传统的服务发包市场，印度凭借其在语言以及信息科技国际人才等方面的比较优势在接包市场上发展势头强劲，国际竞争力不断增强。

（二）大力夯实国内服务业发展基础

2000～2018 年，印度服务业增加值从 2000 年的 1922 亿美元增加至 2018 年的 12555 亿美元，增长了 5.53 倍，年均增速 10.99%，高于同期 GDP 年均增速 1 个百分点，占印度 GDP 的比重由 41.81% 上升至 48.74%，成为推动印度经济增长的主要动力。[①] 为了推动印度服务业的发展，从 20 世纪末开始，印度政府积极推行自由化改革，逐步放宽对金融、保险、通信等行业的管制，鼓励私营资本和外商投资进入相关领域。《2019 年世界投资报告》显示，2017 年和 2018 年印度 FDI 流入分别为 400 亿美元和 420 亿美元，全球排第 9 位和第 10 位。同时，印度通过市场准入、国民待遇等限制性条件对不同服务行业的开放程度进行管理。从最初放宽外商投资印度软件业和电子业、允许资本占比 51% 以下的自动获准，到近年来允许外资航空公司购买印度国有航空公司 49% 的股份、允许单一品牌跨国零售商通过审批程序在印度开展零售业务，印度有条不紊地推动国内服务业的开放进程。

（三）稳步推进服务贸易自由化

一是积极参与 WTO 有关服务贸易开放的谈判。1995 年印度加入 WTO，此后一直积极参与 WTO 有关服务贸易开放的谈判，并不断扩大其服务贸易具体承诺减让表项目。二是注重区域服务贸易合作。20 世纪 90 年代初，印度提出"东看"政策，加强了与东亚和东南亚地区的区域经济合作，推动贸易和投资往来；2012 年底，印度与东盟达成关于服务贸易和投资领域的自由贸易协定。三是制定《印度对外贸易发展政策》。印度商工部自 2004 年起开始制定《印度对外贸易发展政策》，以 5 年为一个执行计划，其中《2009—2014 年外贸政策》为服务业和服务贸易的开放和监管

---

① 根据 UNTCAD 数据库整理所得。

提供了来自宏观层面的原则性指导；《2015—2020 年外贸政策》指出印度服务贸易发展的重点是扩大出口，并对服务贸易实行有监管的自由化政策，目标是到 2020 年商品和服务出口规模达到 9000 亿美元。

三 印度服务贸易发展对我国的启示

通过促进服务业开放、推进服务贸易自由化等一系列举措，印度的服务贸易逐步走在了发展中国家前列。尽管我国不能照搬印度经验，但印度发展服务贸易的若干思路或将为我国带来有益借鉴与启示。

（一）把握未来发展方向，抢抓新一轮服务贸易发展机遇

首先，以互联网、大数据、云计算、移动互联网、人工智能等为代表的新一代技术革新步伐加快，制造业服务化和服务数字化、外包化趋势增强，服务业增加值占全球 GDP 的比重已达 70%，为全球服务贸易发展提供了雄厚的产业基础。其次，全球对外直接投资正加快向服务业集聚，在全球制造业领域对外直接投资呈现下降趋势的情况下，服务业对外直接投资却保持了增长态势。最后，服务业国际梯度转移加速推进，预计到 2020 年全球服务外包市场规模将达到 1.65 万亿美元至 1.8 万亿美元。这些趋势都表明全球服务贸易正迎来新的发展战略机遇期并且不断向价值链高端延伸，我国应向印度学习，抓住此次机遇，将技术服务、数字贸易等知识密集型服务贸易作为未来的发展方向和突破口，推动我国高端服务贸易的发展。

（二）夯实服务业基础，推动服务业高质量发展

服务业的高速发展是印度服务贸易发展的有力支撑，我国也要积极推动服务业的高质量发展。一是政府要继续完善运输、通信、教育、金融保险等服务行业的基础设施条件，对服务领域的高新技术研发投资采取相应的税收、信贷扶持政策，同时将引智、引资和引技三者有机结合，加大服务业专业人才的培养和引进，为我国服务业的发展奠定坚实基础。二是继续放宽市场准入，扩大服务业对外开放。2019 年 6 月我国颁布了《外商投资准入特别管理措施（负面清单）（2019 年版)》，这是我国自 2013 年以来第 5 次修订外商投资准入负面清单，限制措施由最初的 190 条缩减到 40

条。此次修订进一步扩大了我国服务领域开放，取消了国内船舶代理、电影院、演出经纪机构须由中方控股的限制，取消了国内多方通信、存储转发、呼叫中心 3 项业务对外资的限制。可以预见的是，未来我国将继续"瘦身"服务行业的负面清单，在深水区不断深化服务业改革和开放。三是继续推进"放管服"改革，提升政府部门的服务效能，降低企业的制度性交易成本，优化服务业发展营商环境。

（三）推动服务贸易便利化，营造良好的国际合作环境

印度服务贸易自由化不是一蹴而就，而是从国家层面制定规划、稳步有序推进的。在服务贸易竞争日益激烈和中美贸易摩擦的国际大环境下，我国应尽快找准在全球服务贸易发展中的定位，制定完善的服务贸易发展规划及行业指导目录，提前准备好预警和应急方案。同时，积极参与国际服务贸易规则谈判，在国际规则重构过程中体现我国的优势及影响力，提高规则制度话语权；吸收符合国际贸易投资便利化、自由化的合理内容为我所用，进一步优化我国服务贸易的管理方式和监管模式，促进贸易政策与产业政策、投资政策的良性互动。此外还要进一步推动我国"大通关"建设，根据服务贸易特点选择相适应的口岸通关管理模式，提高服务贸易企业投资、商检、外汇管理的便利化水平。最后要充分发挥我国服务贸易创新试点城市、自由贸易试验区的创新发展领头羊作用，培育和推进一些服务贸易领域新的改革任务、政策措施和监管创新，力争尽快形成一批新的经验和具有示范性和引领性的制度性成果，并加快创新经验在全国范围内的推广复制，打造市场化、法治化、国际化和更加稳定透明可预期的营商环境。

（四）加强区域合作，推动与共建"一带一路"国家的合作

我国可借鉴印度服务贸易发展"向东看"的国家战略，通过与周边国家或地区签订区域服务贸易协定，有效推进服务贸易自由化进程。一直以来，我国与欧美发达国家服务贸易合作主要集中在服务外包领域，2019 年前 4 个月我国与欧美发达国家的服务外包执行额达到 245.1 亿元，增长 25.1%。[①] 在服务外包的基础上，我国要深化与欧美国家在工程设计、金

---

① 商务部统计数据。

融服务、文化创意等高端服务贸易领域的沟通合作，加强服务贸易准入谈判，争取降低其市场准入门槛。共建"一带一路"国家与我国在经济发展上有较强的互补性和强烈的合作需求，是我国服务贸易发展的巨大潜力市场。2017 年，我国与共建"一带一路"国家和地区的服务贸易额占当年服务贸易总额的 14.1%，2018 年上升至 15.4%，在高铁、港口、桥梁等重大基础设施建设中，我国也赢得了广泛赞誉。因此，我国应继续扩大对这些国家的服务出口，一方面巩固在旅游、对外工程建设等传统服务领域的合作，另一方面挖掘在通信、计算机和信息服务、高铁技术等新兴服务贸易领域的合作机会。

（五）优化服务贸易结构，推进新兴服务贸易发展

长期以来，交通、旅游、建筑三大传统产业都是我国服务贸易出口的主要部门，占服务出口的比重虽然由 2005 年的 60.3% 下降到 2018 年的 40.6%，但仍占据主导地位，远远高于印度 24.74% 的比重。全球服务出口也逐步转移到通信、研发、设计等附加值高的产业，因此我国应尽早摆脱对交通、旅游、建筑等传统服务业的依赖，加快促进新兴服务业增长。一方面要提前做好服务贸易新模式、新业态的研究和布局，保持计算机技术、通信技术、高铁运输、电子商务等领域的领先地位，开拓航空航天领域、新材料、生物医药、文化传媒等领域的服务出口，推动物联网、移动支付、银行保险业的市场开拓与国外准入；另一方面要加强对我国特色服务贸易的开发和建设，针对传统文化、地域资源进行服务包装，以全新形式推广服务出口，突出我国服务出口特色。如四川的彩灯产业已经成为全国异军突起的文化特色产业，年产值已经达到 48.5 亿元，2018 年在 37 个国家（地区）的 65 个城市举办了 78 场展会，已经成为当地特色文化出口的重要产业。

全球服务贸易正处于战略发展机遇期，我国的服务贸易也处于高速增长时期。在这个过程中，夯实服务业发展基础，提升服务贸易便利化水平，优化服务贸易结构，加强服务贸易区域合作将成为我国一项长期的重点工作，将助推我国服务贸易发展迈上新台阶。

参考文献

卢岐山、张曙霄：《印度服务贸易结构分析》，《广东社会科学》2015 年第 5 期。

陈昭：《印度服务贸易自由化及监管政策研究》，《国际贸易》2014 年第 9 期。

张艳、付鑫：《中印国际服务贸易政策比较研究》，《国际贸易》2018 年第 6 期。

王晓红、柯建飞：《全球服务贸易形势分析及展望》，《国际贸易》2018 年第 1 期。

王小玲：《"一带一路"背景下中国服务贸易的新特征及发展策略》，《国际经济与合作》2019 年第 3 期。

张丽：《论印度服务贸易的现状》，《中国经贸》2009 年第 5 期。

《进一步改善环境 助力服务贸易创新发展》，中国经济网，2019 年 3 月 21 日，https://www.ce.cn/xwzx/gnsz/gdw/201903/21/t20190321_31718426.shtml。

《国际服务贸易评论》
征稿启事

为推进服务贸易理论发展，完善服务贸易政策，汇聚交叉学科资源，积极发挥智库作用，推动我国服务贸易的健康发展，并对当前服务贸易中的热点和问题进行深入研讨，中国国际贸易学会服务贸易专业委员会、北京第二外国语学院中国服务贸易研究院、首都国际服务贸易与文化贸易研究基地经研究决定，面向全国各高校、科研机构及社会各界人士举办专题征文活动。

现将有关事项通知如下。

一　征文主题

征文可围绕商业服务贸易，通信服务贸易，建筑及相关工程服务贸易，销售服务贸易，教育服务贸易，环境服务贸易，金融服务贸易，健康与社会服务贸易，旅游相关服务贸易，娱乐、文化与体育服务贸易，运输服务贸易以及其他未包括的服务贸易等十二类相关服务贸易开展研究。

选题范围包括但不限于：

1. 中国服务贸易发展战略研究
2. 国际服务贸易发展趋势研究
3. 服务贸易发展国别经验研究
4. 中国服务贸易国际竞争力研究

5. 服务贸易创新发展试点建设研究

6. 服务贸易模式创新研究

7. 服务贸易与货物贸易协同发展研究

8. 服务贸易统计研究

9. 服务贸易促进机制研究

10. 服务贸易开放政策研究

11. 服务贸易有关立法与法律问题研究

12. 服务贸易区域合作研究

13. 服务贸易相关行业问题研究

14. 文化贸易发展战略与政策支持研究

15. 文化和旅游服务贸易研究

16. 服务外包研究

17. 数字贸易研究

二 征文要求

稿件格式见集刊征稿启事，请认真阅读具体要求，以使论文顺利进入评审阶段。

可在社会科学文献出版社网站上查询：

https://www.ssap.com.cn/upload/resources/file/2016/09/12/120283.pdf。

其中学术出版规范网页链接地址：

https://www.ssap.com.cn/upload/resources/file/2016/11/04/126962.pdf。

三 组织评审

编辑部负责组织评审，根据"公平、公正、重质、择优"原则，经专家委员会专家评审通过后，论文将在《国际服务贸易评论》上刊发。

四　截稿时间

截稿日期：2021 年 3 月 20 日（以邮件系统日期为准）。

征文邮箱：nicd2019@163.com。

《国际服务贸易评论》编辑部

2020 年 12 月

Table of Contents & Abstracts

The Research Reviewed

Review of International Trade in Services

Abstract: In the era of service globalization, service trade has become an indispensable part of international trade, and its position in a country's trade has become more and more important. It is of great guiding significance and practical value to actively carry out the analysis and discussion of the theories and research methods related to service trade, so as to promote the development of service trade and even service economy. This paper reviews the literature from the aspects of theoretical research on service trade and empirical research on service trade. In the face of the new economic normal, we should break the bottleneck restricting China's service trade, give better play to the leading role of service industry and service trade in China's economy, and strengthen the in-depth research on related fields of service trade.

Keywords: Service Trade; Research Method; Free Trade Area

A Review of Study on Development and Difference of International Service Trade Industry

Research Group / 16

Abstract: China's service industry starts late, develops fast and has great differences among industries. These characteristics are also reflected in the field of service trade. There are obvious differences in the development of service trade in different industries. It is an important basis for developing service trade and optimizing the structure of service trade to study the sub industries of service trade. Through the analysis and difference comparison of the development of international trade in services, this paper aims to promote the high-quality development of trade in services, with priority, focus and choice.

Keywords: International Service Trade; Service Industry; High-quality Development

Regional Development of International Trade in Services: Local Experience an International Comparison

Research Group / 28

Abstract: Service trade is an important part of China's foreign trade, which is of great significance to promote China's economic growth, realize the transformation of economic development mode and promote the adjustment of trade structure. The research on international service trade in different regions is the premise and foundation of finding problems and finding countermeasures. Therefore, the development status and problems of service trade in different regions in China have become the primary issues for domestic scholars to analyze and discuss. It is of great significance for China's service trade development to strengthen the international comparison of service trade and actively study and learn from the experience of the development of international service trade. By comparing the development experience of service trade between China and other countries in different development stages, China should actively carry out cooperation with different service trade, actively promote the scientific and technological progress of service trade industry, improve international competitiveness, pay attention to the protection of intellectual property rights, build platform enterprises and build brand products.

Keywords: International Service Trade; Regional Studies; International Competitiveness

Application and Countermeasures

Fostering a New Format of "Tourism +": The Analysis of a Consumption Pattern of Service Trade

Li Jiashan, Zhang Xiaoling / 51

Abstract: Consumption abroad refers to a trade pattern that service providers provide services to consumers from another member state within the territory of one member state which could be understood as the consumption of domestic products and services by foreign consumers. Tourism service trade is the most typical mode of consumption abroad. Attracting inbound tourism consumption is an important means to promote the export of tourism service and an essential part of the export of tourism services in China. The paper takes China's inbound tourism consumption as the research object, starting from the current situation of inbound tourism consumption in China, deeply analyzes the main problems of inbound tourism consumption in China. Based on the analysis, the suggestion of developing a new industry format of "tourism +" is raised to promote the upgrading of inbound tourism consumption, thus accelerating the high-quality development of

China tourism industry.

Keywords: Consumption Abroad; Inbound Tourism Consumption; New Industry Format of "Tourism + "

International Development of Chinese Language Service Enterprises under the Belt and Road: The Current Situation, Problems and Countermeasures

Wang Haiwen, *Lv Junsong* / 65

Abstract: "The Belt and Road" initiative has brought great development opportunities to China's language service industry. In recent years, China's language services industry has made brilliant economic achievements, and the language service enterprises in China have developed rapidly. In order to further promote the internationalization development of Chinese language service enterprises, this paper first summarizes the current situation of the internationalization development of Chinese language service enterprises, and analyzes the problems exi-sting in the enterprises, such as the low quality of language service, the insufficient application of information technology, and the homogenization of language service. Finally, it puts forward the establishment of language service quality assu-rance system, focusing on the advantageous areas of language service. It is necessary to establish language big data platform and adopt diversified personnel training mode.

Keywords: Language Service Enterprise; Enterprise Internationalization; Service Trade Research

Research on the Development Policy of Chinese International Cultural Investment

Sun Junxin / 75

Abstract: In recent years, thanks to the government policy guidance and the vigorous development of cultural industry, international cultural investment has presented some new features: the scale of investment has gradually stabilized in volatility, policy guidance has curbed irrational investment, and private enterprises, especially large internet companies are playing important role. As investment returns to rationality, it is necessary to sum up experience and lessons, re-examine the significance of international cultural investment, analyze its influencing factors, explore the challenges and dilemmas of its development, and propose solutions. It is implied that the expansion and opening up of the cultural field and investment facilitation are the inevitable trend. Thus, it is necessary to follow the market law and take the enterprise as the main body; boldly promote policy innovation with cautions as well; promote international investment through the opening of the cultural field, coordinate the culture, manufacturing and modern service industry to jointly achieve the effective Chinese culture "going out".

Keywords: International Cultural Investment; Culture "Going Out"; Culture Brand

Research on the Countermeasures to Promote the High Quality Development of Copyright Trade in China

Yang Xiu, Liu Xia / 86

Abstract: Copyright trade is an important way to build a strong trade country in China. In recent years, China's copyright trade has made positive development, and the number of copyright trade has grown rapidly. Copyright trade market extends to countries along the Belt and Road. Driven by digital technology, China's digital copyright trade is growing rapidly, and the electronic publication copyright trade is accelerating. In the process of the rapid development of copyright trade in China, there are still some problems in the copyright trade, such as the trade structure to be optimized, the imbalance between the export and import of copyright, and the concentration of the overseas market of copyright trade. This paper holds that the main factors affecting the development of copyright trade in China are creative output capacity, intellectual property protection brought about by digital technology, cultural differences and national policies. In the future, we should focus on four aspects: creative talents related to the copyright industry, protection of digital copyright intellectual property rights, overseas communication of Chinese culture and international cooperation in copyright trade, so as to promote the high-quality development of China's copyright trade and support the construction of a powerful country in service trade.

Keywords: Copyright Trade; Digital Technology; The Belt and Road

Research on the Present Situation and Development of Cultural Trade Enterprises in China

Li Jiashan, Tian Song / 99

Abstract: The sources of cultural trade enterprises and cultural export projects are mainly concentrated in municipalities directly under the central government and coastal economically developed provinces. In terms of capital, profit and personnel, coastal provinces and cities also occupy a greater trade advantage, while inland and western provinces show a lower level in different dimensions. We should continue to increase support for the export of services, and actively grasp the cultural export market of the countries along the belt and road to expand the overseas development of China's cultural trade.

Keywords: Cultural Trade; Cultural Export; Cultural Trade Enterprises

The Research on the Tourism Services Trade in the Western Region of China

Huang Yi, Liu Yangxing / 128

Abstract: The western region of China is a region with concentrated ethnic minorities, natural geographical advantages and variety of tourist resources. In recent years, the number of international tourists and the foreign exchange income of international tourism at the area have increased substantially. However, compared with the developed areas such as the east, there is still existing a wide disparities. Through qualitative and quantitative analysis of tourism service trade in the western region of China, this paper finds that the development level of tourism service trade in this region is relatively low, and there are some differen-ces in tourism service trade in the region. Therefore, under the premise of making full use of its own advantages, the western region should consolidate the construction of tourism culture, establish tourism brands, provide intellectual support for talents and improve the internal and external environment of tourism, thus promoting and balancing its tourism service trade and local economic develo-pment.

Keywords: Tourism Service; Service Trade; The Western Region

China-Brazil Economic and Trade Cooperation: New Features and New Trends

Zhou Zhiwei / 143

Abstract: In the past 20 years, a significant breakthrough have been achieved in China-Brazil economic and trade relations. The two countries are important trading partners of each other. However, since 2013, due to the global economic downturn, China's economic transformation, China-US trade friction and other factors, China-Brazil economic and trade cooperation has shown some new features, for example, in the area of economic and trade between China and Brazil, China-US trade disputes have played a "booster" role, the trade of agricultural products has become a "new engine", and China's investment tends to be diversified, etc. At the same time, China-Brazil service trade also faces new development opportunities, and has been identified as a priority and strengthened cooperation area by the two governments. Although the global macroeconomic situation and trade environment are challenged and uncertain, based on the characteristics of China-Brazil economic and trade cooperation, their economic and trade relations still have relatively good development expectations in the short and medium term.

Keywords: China-Brazil Economic and Trade Cooperation; Service Trade; The Belt and Road

Comparison and Reference

Research on the Classification System of Sino-British Cultural Service Trade Based on Statistical Perspective

Zheng Hong, Zhang Di / 157

Abstract: Under the background of economic globalization, the development of cultural trade has ushered in new opportunities and challenges, and new requirements have been put forward for the statistical classification and statistical work of cultural service trade. Based on the statistical caliber, this paper analyzes the classification system of cultural service trade between China and the United

Kingdom, and finds that the classification system of the two countries is quite different, which causes great difficulties to the statistical work of relevant data, and there are also such problems in the classification and statistics of cultural service trade in the international community. This paper proposes a compatible classification system of cultural service trade, which lays a foundation for further proposing a classification system suitable for more countries and regions.

Keywords: Cultural Trade; Service Trade; Statistical Caliber

Implications of India's Service Trade Development to China

Wang Leijuan / 169

Abstract: Since the 21st century, India's service trade has maintained rapid development, showing the characteristics of large scale, continuous surplus and continuous optimization of structure, which has attracted worldwide attention. China and India are the two largest developing countries in the world. They have many similarities in human history, geographical location, resource endowment and other aspects. We can learn from India's experience in developing service trade, consolidate the foundation of service industry, facilitate trade in services, create a favorable international cooperation environment, strengthen regional cooperation, promote cooperation with the countries along the Belt and Road, optimize the structure of service trade, promote the development of new service trade, and promote the high quality development of service trade.

Keywords: International Trade; Service Trade; International Cooperation; India

图书在版编目（CIP）数据

国际服务贸易评论. 第1辑 / 李嘉珊主编. —— 北京：
社会科学文献出版社，2020.12
　ISBN 978 - 7 - 5201 - 7332 - 2

　Ⅰ.①国… 　Ⅱ.①李… 　Ⅲ.①国际贸易 - 服务贸易 -
文集 　Ⅳ.①F746.18 - 53
　中国版本图书馆 CIP 数据核字（2020）第 264022 号

国际服务贸易评论（第1辑）

主　　编 / 李嘉珊

出 版 人 / 王利民
责任编辑 / 丁阿丽
文稿编辑 / 刘　燕

出　　版 / 社会科学文献出版社（010）59367092
　　　　　　地址：北京市北三环中路甲 29 号院华龙大厦　邮编：100029
　　　　　　网址：www. ssap. com. cn
发　　行 / 市场营销中心（010）59367081　59367083
印　　装 / 三河市尚艺印装有限公司

规　　格 / 开　本：787mm × 1092mm　1/16
　　　　　　印　张：12.25　字　数：183 千字
版　　次 / 2020 年 12 月第 1 版　2020 年 12 月第 1 次印刷
书　　号 / ISBN 978 - 7 - 5201 - 7332 - 2
定　　价 / 89.00 元